WIZARD

金融版
悪魔の辞典

ジェイソン・ツバイク[著]
長尾慎太郎[監修]
井田京子[訳]

Pan Rolling

The Devil's Financial Dictionary by Jason Zweig

Copyright © 2015 by Jason Zweig
First published in the United States by Public Affairs, a member of Perseus Books Group.

Japanese translation rights arranged with Perseus Books Group, Boston, Massachusetts through
Tuttle-Mori Agency, Inc., Tokyo

監修者まえがき

　本書は金融ジャーナリストのジェイソン・ツバイクによる"The Devil's Financial Dictionary"の邦訳である。オリジナルの『悪魔の辞典』は100年以上も前にアンブローズ・ビアスによって書かれ、その痛烈な皮肉やブラックユーモアが好評を博してきた。だが、オリジナルがあくまでパロディとして楽しく読めるのに対し、本書の読後にシリアスな覚めた感覚が残るのは、本書の内容が遠い昔のはるか彼方の銀河系で起こったことなどではなく、私たちの社会で現在起こっている笑えない事実だからである。

　ここに書かれてあることのほとんどは真実だが、関係者がそれを公の場で口にすることはできない。仮にもし話すことができるとしても、本来あるべき姿と並列で述べるのがせいぜいである。実際には、金融業界内部でさえ本当のことを言うことはタブーとされている。投資のエコシステムはフェイル・セーフにもフール・プルーフにもなっていないが、表向きは問題などまったく発生せず、すべては理想どおりにうまくいっているという前提で物事が進められている。それゆえ、思いもよらぬ（？）事象・事件が起こると、ほとんどの人は驚く（ふりをする）が、しばらくすると彼らは現実からは目を背け、したがっていつまでも根本的な解決が図られることはない。

　一般に、制度や仕組みはしばらくすると、当初、それらを作った人たちの思惑とは離れて機能するようになる。なぜなら、人間の意志が絡む現実世界では理想どおりにことが運ぶことなど何もないからだ。投資にかかわる制度を整備した人たちは、整然とした仕組みさえあれば、それに参加する人々も当然それに従うはずだと善意に考えたのかもしれないが、残念ながらそれはあまりにも人間の本質を無視したナイーブなモノの見方であった。

もっとも、ダークサイドに堕ちた人たちのすべてが最初から悪意を持った知能犯だったわけではなく、見たところ、彼らはむしろ少数派である。私たちが投資の世界で目にするウソつきや詐欺師のほとんどは、単に知的に不誠実な人間か、もしくはリテラシー不足から彼ら自身が疑似科学に洗脳されているかのどちらかである。だから、彼らの虚言を見破るのはそれほど難しいことではない。私たち自身が正しい知識とインテリジェンスを身に付ければよいのである。ウィザードブックシリーズ（WBS）は本書で243作目になるが、これらが少しでも読者の方々の役に立っているのなら大変うれしい。英雄など酒場に行けばいくらでもいるが、歯医者の治療台には一人もいない……と言われるが、本当のことが書いてある書籍を誠実に発行し続けることだって、実はかなり勇気がいることなのである。WBSにかかわる人々の努力が投資の世界に与える影響はごくわずかでしかないかもしれないが、たとえそうであったとしても、永遠ならざる平和のために、これからも微力を尽くすつもりである。

　翻訳にあたっては以下の方々に心から感謝の意を表したい。翻訳者の井田京子氏は丁寧な翻訳を実現してくださった。そして阿部達郎氏にはいつもながら丁寧な編集・校正をしていただいた。また本書が発行される機会を得たのはパンローリング社社長の後藤康徳氏のおかげである。

2016年10月

長尾慎太郎

父に捧げる。父は何でも知っている。
シニカルになってはいけないときがいつかも含めて。

目次

監修者まえがき　　　　　　　　　　　　　　　　　　1
はじめに——これは悪魔の仕業なのか　　　　　　　15

■A～Z
AAA ……………………………… 21
EBITDA ………………………… 21
ETF ……………………………… 22
GAAP …………………………… 23
HFT ……………………………… 23
IPO ……………………………… 23
LIBOR …………………………… 24
OPM ……………………………… 25
PER ……………………………… 25
QE ………………………………… 25
REIT ……………………………… 25
ROE ……………………………… 25
X …………………………………… 25
XBRL ……………………………… 25

■あ
アーニングサプライズ ………… 27
アームズ・レングス …………… 27
明らかに ………………………… 28
アキュミュレート（買い集める）… 28
アキュミュレーション（買い集め） 28
アクティビスト ………………… 28
アクティブ ……………………… 29
アセットクラス ………………… 29
アセットアロケーション ……… 29
アックス ………………………… 29
後知恵バイアス ………………… 30
アナリスト ……………………… 30
アノマリー ……………………… 31

アフィニティ・フラウド ……… 31
アリゲーター・スプレッド …… 31
アルゴ …………………………… 31
アルファ ………………………… 32
アンカリング …………………… 32
アンコンストレインド債券ファンド 33
安全な …………………………… 33
安全域 …………………………… 33
安全資産への逃避 ……………… 34
アンダーウエート ……………… 34

■い
イールドカーブ ………………… 35
1月効果 ………………………… 35
一般投資家 ……………………… 35
委任状 …………………………… 36
イヌ ……………………………… 36
インキュベート ………………… 36
インサイダー …………………… 37
インサイド情報 ………………… 37
インセンティブフィー ………… 37
インタレスト（利子、利息、関心） 37
インデックス …………………… 38
インデックスファンド ………… 38
インフレ ………………………… 39

■う
ウエルスマネジャー …………… 40
動く ……………………………… 40
腕 ………………………………… 41

CONTENTS

売り持ち……………………… 42
売る……………………………… 42
うわさ…………………………… 43
上乗せ…………………………… 43

■え
エコノミスト…………………… 44
エンハンスト・インデックス運用… 44

■お
オーバーウエート……………… 45
オーバーサイト………………… 45
押し目…………………………… 45
押し目買い……………………… 46
落ちていくナイフ……………… 46
オノケンタウロス……………… 46
オプション……………………… 47
愚か者…………………………… 47

■か
買い集める……………………… 48
買い集め………………………… 48
開示……………………………… 48
回転……………………………… 49
回転ドア………………………… 49
回転売買………………………… 50
回転率…………………………… 51
買い持ち………………………… 51
買い戻す………………………… 51
買う……………………………… 51
カウンターパーティー………… 51
価格……………………………… 51
過去……………………………… 52
確実性…………………………… 53

確信……………………………… 53
確証バイアス…………………… 54
格付け会社……………………… 54
確定利付き……………………… 54
影の銀行………………………… 55
価値……………………………… 55
価値評価………………………… 55
カトブレパス…………………… 56
金持ちの………………………… 56
カバー…………………………… 57
株………………………………… 57
株価収益率（PER）…………… 58
株式公開買い付け……………… 59
株式市場………………………… 59
株式ブローカー………………… 59
株主価値………………………… 60
株主資本………………………… 60
株主資本利益率（ROE）……… 61
株主総会………………………… 61
株主割当増資…………………… 61
空売り…………………………… 61
彼ら……………………………… 61
元金……………………………… 62
監査人…………………………… 63
関心……………………………… 63

■き
記憶……………………………… 64
機関投資家……………………… 64
企業統治………………………… 64
期待リターン…………………… 64
キッチンシンク………………… 65
寄付……………………………… 66
逆張り派………………………… 66

キャリアリスク	66
キャリードインタレスト	67
救済（ベイルアウト）	68
教会	69
ギリシャ	69
金	69
銀行休業日	70
近視眼	70
金投資家	70
金融ジャーナリスト	70

■く

クーポン	72
クオンツ	72
靴磨きの少年	72
クラウンジュエル	74
クラッシュ（大暴落）	75
グリーンシュー	76
グリーンメール	76
クレジットカード	77
クローゼットインデックス	77
クワイエットピリオド	77

■け

経営陣	78
現在形	79
検証する	79
倹約	79

■こ

コア	80
コア・アンド・エクスプロア	80
コア資産	80
ゴーエニホウェアファンド	80

口座	81
公正意見書	81
公正価格	82
行動経済学	82
高頻度トレード	82
降伏	84
幸福の手紙	84
効率的市場仮説	85
ゴールデンパラシュート	85
コール	85
顧客	86
顧客のヨット	87
個人FXトレード	87
個人投資家	88
国庫	88
コンサルタント	88
コンセンサス	88
コントラリアン	89
コントロール幻想	90
コンプライアンス	90

■さ

債券	92
債権者	92
債権者委員会	93
サプライズ	93

■し

時間	94
仕組み案件	94
シケモク	94
自己奉仕バイアス	95
資産獲得	96
資産クラス（アセットクラス）	96

CONTENTS

資産配分（アセットアロケーション）……………………………… 97
支持線………………………………… 98
自社株買い…………………………… 99
自社株買い…………………………… 99
自信過剰……………………………… 99
自制…………………………………… 99
執行…………………………………… 100
実質…………………………………… 100
指標（インデックス）……………… 100
指標銘柄……………………………… 100
私募リート…………………………… 101
資本…………………………………… 101
資本構成……………………………… 101
謝罪…………………………………… 102
シャドーバンキング（影の銀行）… 102
ジャンクボンド……………………… 103
宗教株………………………………… 103
集中…………………………………… 103
集中ファンド………………………… 103
10塁打（テン・バガー）…………… 103
受託者責任…………………………… 103
出資金詐欺（ポンジースキーム）… 104
循環的な……………………………… 104
償還する・償還……………………… 105
償却する……………………………… 105
証券…………………………………… 105
証券化する…………………………… 106
証券取引所…………………………… 107
称号…………………………………… 107
条項…………………………………… 108
証拠金………………………………… 109
上場投資信託………………………… 109
上場抹消する………………………… 109

商品（コモディティ）……………… 109
商品（プロダクト）………………… 111
ショート（売り持ち、空売り）…… 111
ショップ……………………………… 114
調べる………………………………… 114
じりじりと動く……………………… 114
親近感詐欺（アフィニティ・フラウド）………………………………… 115
新興市場……………………………… 115
シンジケート………………………… 115
新時代………………………………… 115
信用…………………………………… 117
信用格付け…………………………… 117
信用取引……………………………… 117
信頼性………………………………… 117
心理勘定……………………………… 117
心理的に重要な……………………… 118

■す
スーパーボウル指標………………… 119
スタック……………………………… 119
捨て金………………………………… 119
ストックピッカーのマーケット…… 120
スマートベータ指数………………… 121
スマートマネー……………………… 121

■せ
成功報酬（インセンティブフィー）… 123
清算…………………………………… 123
生存者バイアス……………………… 123
セテリス・パリブス………………… 124
潜在的利益相反……………………… 124
戦術的資産配分……………………… 124
洗練された投資家…………………… 125

戦略……………………………… 125

■そ
相関……………………………… 126
相乗効果………………………… 126
相対パフォーマンス…………… 127
ソーサー………………………… 127
底………………………………… 128
損益計算書……………………… 128
損切り注文……………………… 128
損失を被る……………………… 128
損失回避………………………… 129
ゾンビファンド………………… 129

■た
ダークプール…………………… 130
貸借対照表……………………… 130
代表性…………………………… 130
大暴落…………………………… 131
ダウンサイドプロテクション…… 131
ダウンサイドリスク…………… 131
タカ派…………………………… 131
タックスシェルター…………… 132
堕天使…………………………… 132
他人のお金……………………… 132
短期……………………………… 133
単純比較………………………… 133

■ち
チェックリスト………………… 134
チャイニーズウォール………… 134
チャンネルチェック…………… 134
中央銀行………………………… 135
長期……………………………… 135

長期的な………………………… 135
調整……………………………… 136
帳簿……………………………… 136

■つ
通貨……………………………… 138
次の……………………………… 138

■て
抵抗線…………………………… 140
ディスカウント………………… 140
ディスカウントブローカー…… 140
ディスポジション効果………… 141
ティッカー……………………… 141
ティック………………………… 143
デイトレーダー………………… 143
データ…………………………… 143
敵対的買収……………………… 143
テクニカル分析………………… 143
テクニカルアナリスト………… 143
手数料（コミッション）……… 144
手数料（フィー）……………… 144
デッド・キャット・バウンス…… 146
デフォルト……………………… 146
デュー・デリジェンス………… 146
デリバティブ…………………… 147
テレビ…………………………… 147
伝染……………………………… 147
テン・バガー…………………… 147

■と
投機する………………………… 148
当局……………………………… 148
投資……………………………… 149

CONTENTS

投資商品……………………… 149
投資信託……………………… 149
トータルリターン…………… 149
独自開発のアルゴリズム…… 150
ドッド・フランク法………… 150
トップダウン………………… 150
富……………………………… 151
ドライパウダー……………… 151
トランシェ…………………… 151
取締役会……………………… 152
取引所………………………… 152
取引所………………………… 153
取引明細書…………………… 153
ドルコスト平均法…………… 153
トレーラー…………………… 154
トレンド……………………… 154
トレンドフォロー…………… 155
トレンドライン……………… 155
ドローダウン………………… 156

■な
内部情報（インサイド情報）…… 157
投げ売り……………………… 157
ならず者トレーダー………… 157
ナンピンする………………… 158

■に
ニフティフィフティ………… 159
ニューエコノミー…………… 160
ニュース……………………… 160
ニュースレター……………… 162
忍耐…………………………… 162

■ね
年金…………………………… 163
年次報告書…………………… 163

■の
ノミ屋（バケツショップ）…… 164

■は
パーマブル…………………… 166
パーマベア…………………… 166
バイアスの掛かっている…… 166
バイ・アンド・ホールドする…… 166
ハイイールド債……………… 167
買収…………………………… 167
配当…………………………… 167
配当落ち……………………… 167
配当利回り…………………… 168
歯形捺印証書………………… 168
端株…………………………… 169
罰金…………………………… 169
バックテストをする（検証する）…… 170
バックフィルする…………… 171
パックマンディフェンス…… 172
ハト派………………………… 172
バブル………………………… 173
パニック……………………… 176
幅広い堀がある会社………… 178
パフォーマンス……………… 178
バル…………………………… 178
パレイドリア………………… 179
ハロー効果…………………… 180
ハンドル……………………… 180
販売手数料…………………… 180

■ひ

- ピアプレッシャー………………… 181
- 引き受ける………………………… 181
- 引受募集手数料…………………… 181
- 非取引リート……………………… 181
- ビッグバス………………………… 182
- ビッグ4…………………………… 182
- ビッグプロデューサー…………… 183
- 羊…………………………………… 183
- ヒューリスティックス…………… 183
- ヒンデンブルグ・オーメン……… 183
- ヒント……………………………… 184

■ふ

- ファイナンシャルアドバイザー… 185
- ファットフィンガートレード…… 185
- 風説を流布する…………………… 185
- フォーカス、フォーカスファンド 186
- フォーチュン……………………… 186
- 不確実性…………………………… 187
- 不合理……………………………… 187
- 不動産投資信託…………………… 188
- 富裕層投資家……………………… 188
- プライベートエクイティファンド 189
- プライムバンク…………………… 189
- プラスの…………………………… 189
- フラッシュクラッシュ…………… 190
- プリント…………………………… 190
- ブル………………………………… 190
- フルクラム手数料………………… 192
- ブル相場…………………………… 193
- ブルースカイ法…………………… 193
- ブルーチップ……………………… 193
- プルーデントマンルール………… 194
- ブレイクポイント………………… 195
- プレートリッカー………………… 195
- ブレス……………………………… 195
- プロの……………………………… 196
- ブローオフ………………………… 196
- ブローカー………………………… 196
- プロップ投資信託………………… 199
- プロップトレード………………… 199
- プロフォーマ……………………… 199
- プロプリエタリートレード……… 200
- 分散する…………………………… 200

■へ

- ベア………………………………… 201
- ヘアカット………………………… 202
- ベア相場…………………………… 202
- 平均への回帰……………………… 202
- ベイルアウト……………………… 203
- ベーシスポイント………………… 203
- ベータ……………………………… 204
- ベストアイデアファンド………… 204
- ヘッジファンド…………………… 205
- ヘッド・アンド・ショルダーズ… 207
- ヘッドラインの…………………… 207
- ヘムライン理論…………………… 208
- ベンチマーク……………………… 209

■ほ

- ポイズンピル……………………… 210
- ボイラールーム…………………… 210
- ポートフォリオ…………………… 210
- ポートフォリオ回転率…………… 211
- ポートフォリオマネジャー……… 213
- ボーナス…………………………… 214

CONTENTS

ホームバイアス…………………… 214
簿価……………………………… 215
ボギー…………………………… 215
ポケット………………………… 216
ポジショントークをする………… 216
ボタンをかける………………… 216
ホットな………………………… 217
ボトムアップ…………………… 217
ボナス…………………………… 217
ボラティリティ………………… 218
堀………………………………… 219
ホワイトナイト………………… 219
ポンジースキーム……………… 220
本質的価値……………………… 220

■ま
マーケットストラテジスト……… 221
マーケット専門家……………… 221
マーケットタイミング………… 221
マーケットを打ち負かす……… 222
マージン（証拠金、信用）……… 222
抹消する………………………… 222
満期……………………………… 223

■み
見通し…………………………… 224
未亡人と孤児…………………… 224

■む
群れ……………………………… 226

■め
明確な境界線…………………… 228
銘柄……………………………… 228

銘柄コード……………………… 228

■も
モーモー………………………… 230
目論見書………………………… 230
モデル…………………………… 230
モメンタム……………………… 231

■や
約束手形………………………… 232

■ゆ
ユニバース……………………… 233

■よ
横ばい…………………………… 234
予見性…………………………… 234
予測……………………………… 235
より愚かな者理論……………… 236
弱い手…………………………… 236

■り
利益……………………………… 237
利益相反………………………… 237
利食い…………………………… 237
リサーチ………………………… 238
利子……………………………… 238
リスク…………………………… 238
リスク回避の…………………… 239
リストラ………………………… 239
利息……………………………… 239
利得……………………………… 239
リバランス……………………… 240
利回り…………………………… 240

流動性……………………………… 240
利用可能性………………………… 241
量的緩和…………………………… 242
両頭トカゲ………………………… 242

■れ
レッドヘリング…………………… 244
レバレッジ………………………… 244
レラティブストレングス………… 245
レンジ相場………………………… 245

■ろ
ローテーション（回転）………… 246
ロード……………………………… 246
ロックアップ……………………… 246
ロング（買い持ち）……………… 247

謝辞　　　　　　　　249

英語の項目　　　　　251

編集部注　本文中の**ゴチック**は本書で取り上げられた用語

はじめに ── これは悪魔の仕業なのか

　私たちは、現代の金ぴか時代に生きている。しかし、ぴかぴかしているもののほとんどは、見せかけにすぎない。

　2008年に株式市場や債券市場が暴落し、何百万人もの普通の投資家が、何兆ドルものお金を失った。その大きな理由は、世界の大銀行や証券会社やそのほかの金融会社が無謀なリスクを貪ったからだ。モンティ・パイソンの映画『人生協奏曲』に出てくる食べすぎて体が破裂してしまったクレオソート氏と同じで、ウォール街は「もうたくさんである」ことを認めようとはしない。彼らは、安全だと偽って危険な住宅ローンをインチキな価格で抱え込み、顧客にたっぷり買わせた。そして、住宅価格が暴落すると、世界中でたくさんの大銀行が破綻した。

　その間、無責任な方針とずさんな見通しで破綻を後押しした金融会社の幹部は、何十億ドルものボーナスやストックオプションやそれ以外の報奨金のたぐいを手に入れ、今でもそれを失ってはいない。彼らの多くは今も優雅な生活を送り、罪悪感のかけらすら見えない。

　19世紀初めの最初の金ぴか時代に、アメリカの偉大な風刺作家であるアンブローズ・ビアスが『悪魔の辞典』という傑作を執筆した。ビアスは1842年に生まれ、独学で学び、南北戦争ではシャイローの戦いやチカマウガの戦いなどの戦場で、悪魔に直面した。彼は湾曲表現や偽善、混乱した考えを敵視していた。彼の辞典は、何十年かの間に断続的に雑誌に掲載されたもので、1906年に本として出版され、この豪勢な時代のほぼすべての社会や体裁のメッキをはぎとってしまった。

　1987年から金融ジャーナリストとして働いている私は、ウォール街が悪だとは考えていない。本書では、「ウォール街」という言葉を、物理的な場所ではなく、金融業界という意味で使っている。この業界

「肥った台所」(ピーテル・ファン・デル・ヘイデン、版画、1963年、アムステルダム国立美術館)

の一部の連中が、意図的に一般の人たちをだましていることは間違いない。しかし、実際には不注意や、自己満足、自信過剰などのほうが、詐欺行為よりもはるかに大きな危機を招いているのである。私は長年の間に、銀行や投資や金融にかかわる何千人もの人たちに出会ってきたが、そのなかのほとんどの人たちは誠実で、勤勉で、まともで、親切で、知的な人たちだった。それでも、もし彼らが運良くこの本を目にすれば、わが身を笑い飛ばすことができるだろう。

ただ、どんな人にも言えることだが、金融業界の人たちも正当に振る舞うよりも自分を正当化するほうが得意だ。自分の利益を優先するときは、危ない橋を渡りながら、すべての行動を天命だと正当化するのである。正しいことをしているのだと、自分自身をごまかしてしまえば、他人をだますのはずっと楽になる。物理学者のリチャード・ファインマンが警告したように、「一番だましやすいのは自分自身」なのである。

もし投資家がカモではなくパートナーならば、情報を明かすのではなく、隠すためにあるウォール街の用語を使いこなせるようになる必要がある。プロはみんな、素人を裏切るのだ。専門用語（ジャーゴン）はどれも仲間以外の人たちを混乱させ、排除するためにある。言葉を逆にして反対の意味で使うのは、ウォール街に限ったことではない。ジョージ・オーウェルの小説『1984年』の真理省でも実践されているように、これは多くのところで見られる一般的な特徴なのである。

つまり、言葉がよく理解できないために危険にさらされることはよくある。もしウォール街で訳の分からないことを聞かされて間違ったことをしてしまったら、豊かな引退生活という夢は露と消えることになりかねないのだ。

本書の目的は、ウォール街で使われている複雑で難解で尊大な用語を選び出して、だれでもが理解できるような簡潔な言葉に書き直すことである。つまり、この本は金融市場という厳しい荒野を生き抜くた

めのサバイバルガイドでもある。ちなみに、この荒野で勝率を理解しないで投資しようとしている人に対しては、シエラレオネのタクシーの後部に書かれていた文法的におかしな色鮮やかな標語こそ完璧な警告となる――「天は自ら助くる者を助く（God Help Those Who Help Themselves）」。投資家も、銀行や証券会社やファイナンシャルアドバイザーがよく使うたわ言や難解な用語の最低限の基礎知識がなければ、「自らを助けることはできない」のである。

　本書に掲載した定義は、ビジネスや金融の知識から、会計、コーポレートファイナンス、行動経済学、投資管理、テクニカル分析に至るまで、知的な投資家やビジネス情報を必要とする人たちが知りたいと思うことを幅広くカバーしている。

　本書の多くの項目には、共通するテーマがいくつかある。

- 運と不確かさと想定外は、投資の世界で最も基本となる物理的な力である。しかし、ウォール街の人がそれ以外の世界の人と話をするときは、これらの力をあえて明確に否定しようとすることが多い。
- 専門用語（ジャーゴン）は難解で多音節であるほど、あなたをだまそうとしている可能性が高い。「アルゴリズム」「独自開発」「定量的」などの用語は、聞き手の思考を停止させ、判断力を奪うために使われている（3つ合わせて「独自開発した定量的アルゴリズム」とでも言えば、新人投資家の脳は集中砲火を浴びたようになる）。男心をつかむには胃袋からというが、投資家の財布をつかむには耳から、なのである。
- 金融界では、過去がそのまま繰り返されるわけではないが、リズムはある。今回は違うのだとうるさく言われても、人間の本質はけっして変わらない。ちなみに、流行は起こっては消えていくが、手数料は永遠に消えない。ウォール街には、すべて前例がある。それが何であれ、前回と同じ結果になることはほぼ間違いない。

- 遅かれ早かれ──たいていはみんなの予想よりも早く──上昇したものは下落する。同様に、下落したものは──専門家が最も予想しなかったタイミングで──再び上昇する。
- ウォール街では株や債券を売っているが、本当に売っているのは希望である。魔法を信じたい一般投資家に付け込んで、金融業界は、未来が分かるとか、奇跡を起こすことができるなどと言い張る人間を次々と繰り出してくる。何をするにせよ、彼らに付いて行ってはならない。
- 経済的に成功することは、その道のプロを負かすことではない。そうではなく、自己管理によって、何年かごとに金融市場を襲う高揚感や絶望から距離を置くことである。

　アンブローズ・ビアスの『悪魔の辞典』には、妙な名前の架空の登場人物──マンフリー・マペル、ハッサン・ブルバディ、アプレイウス・M・ゴクール、ジャムラック・ホロボム博士、多くの作品を残したイエズス会の詩人として描かれているガサラスカ・ジェイプ神父──による韻文や格言や逸話が散りばめられている。

　本書もその精神を受け継いで、空想を膨らませた部分には★が付けてある。これらの登場人物は、すべて私の空想の産物であり、実在していない。

　ビアスの定義と同様、本書で示した定義を文字どおり解釈するべきでは──あまり──ない。ただ、ほとんどの定義はかなり真実に近いものになっているはずだ。ウォール街にどれほど疑問を持っている人でも、まだまだ甘い。悪魔は金融界のことをよく知っている。それは、悪魔自身がときどき命令を下しているからだ。

AAA【AAA】(形容詞)

伝統的に「トリプルA(エー)」と発音するが、最近では「あああああああああーっ」と読む。

AAAは、**格付け会社**(スタンダード&プアーズ、ムーディーズ、フィッチなど)が**証券**に付与する等級で、「質が高い」「**デフォルトリスクの可能性が最も低い**」ことを示している。それなのに、2007〜2009年には、何千ものAAAの証券が高いデフォルトリスクを持つ最低の証券だと判明した。2008年の最初の3四半期で、1万1000種類を超えるAAAの住宅ローン関連証券が、突然格下げになったのだ。多くの証券が70％以上値下がりし、投資家は何千億ドルもの資金を失った。

「**信用格付け**」参照。

EBITDA【EBITDA】(名詞)

偉大な投資家であるチャールズ・T・マンガーが「クソみたいな利益」と呼んでいる**EBITDA**は、「利払い・税金・償却前利益」(Earnings Before Interest, Tax, Depreciation, and Amortization)の頭文字で、金利や税金を無視した純利益の示し方。他社の2倍の借入金があっても、EBITDAが同じになることもある。もしマンガー氏の呼び方が無礼すぎるならば、「明らかに重要な調整をしていない利益」(Earnings Before Including The Decisive Adjustments)の頭文字と考えればよい。

E

ETF【ETF】（名詞）

「上場投資信託」（Exchange-Traded Fund）の略。世間では「極めてトレードが可能なファンド」（Extremely Tradable Fund）と同義語だと思われているが、そうではない。ETF（およびその兄弟分のETN［上場投資証券］）は、**インデックス**ファンドのリターンを追従しており、たいていはコストも非常に安い。いくつかのETFを広く分散して買い、そのまま何十年も保有すれば、金持ちになれる。しかし、それでは退屈なので、多くの投資家や投資顧問はETFを繰り返しトレードする。投資家はブローカーを金持ちにし、ファイナンシャルアドバイザーは自らを金持ちにする。このようにして、マーケットは昔も今も富をトレードする人から待つ人へと移している。

ウォール街はETFという良いアイデアをそのままにしておけず、複雑に手を加えて悪いアイデアにしてしまった。ETFは、1日に1回もトレードがないような資産内容でも、1日に何千回もトレードされており、その頻度はますます増えている。また、インバースETF（対象となる**インデックス**とは逆の動きをするもの）や、レバレッジ・インバースETF（インデックスファンドと逆方向に2倍または3倍動く）などもある。例えば、トリプル・レバレッジ・インバースETFは、対象となるインデックスが1％の損失で終わった日は、3％の利益が出て、インデックスが1％上げれば3％下げるようになっている。このようなファンドは、麻酔をせずに外科手術を受けたいような人にしか向いていない。

★「このETFは極めて安全だと考えています」。ネバダ州ラスベガスにある資産運用会社のヒバナ・スパーク＆ハイのパートナーであるカレン・リトルは言った。「このファンドは、タンザニアの高配当の小型株が下がると上がり、タンザニア株が上げれば下がるように設計されています。しかも、毎日対象の2倍の動きをします。要するに、この商品はアメリカの株や債券と

はまったく別の動きをするため、ポートフォリオ全体の安全性が高まるのです」

GAAP【GAAP】（名詞）

「一般に認められた会計原則」（Generally Accepted Accounting Principles）の頭文字で、「ギャップ」と読む。企業が、現実とかけ離れた財務諸表を作成できる規則。経営者のなかには、**GAAP**を「守るべき基準ではなく、克服すべき障害」だと考えている人もおり、ウォーレン・バフェットも「それを会計士が積極的に手助けしているケースがあまりに多い」と書いている。顧客が「2＋2は」と聞くと、協力的な会計士は「いくつがいいですか」と答える。

HFT【HFT】（名詞、略語）

「高頻度トレード」参照。

IPO【IPO】（名詞、略語）

「新規公開株式」。上場前の株の持ち主が所有している株を、初めて売り出すこと。会社のすべてを知っている人から、何も知らない人が買うことになる。これは、外部の投資家が成長する会社に最初からかかわるチャンスとして紹介される。しかし、典型的な**IPO**は、売り出し時の誇大広告によって水増しされた価格で手持ちの株を売れるため、むしろ売り手のインサイダーにとって素晴らしいチャンスとなる。つまり、IPOをもっと正確に言えば、「インサイダーの個人的なチャンス」（Insiders' Private Opportunity）、「想像上の利益のみ」（Imaginary Profits Only）、「それはおそらく割高」（It's Probably Overpriced）などとなる。

★「これは最初からかかわるチャンスですよ」と、今回のIPOを手掛ける投資銀行のタケット＆ウエントのブローカーであるチ

ャーリー・タンは言う。「この会社は、携帯電話を風呂場のタイルに埋め込む市場を独占しています。このIPOが次のグーグルになるのは間違いありません」

「愚か者とお金」(ルイス・ダリンプル、パック誌45号 [1899年4月26日] に掲載された漫画、米国議会図書館)

「青いボート(愚か者の船)」(ピーテル・ファン・デル・ヘイデン [原画はヒエロニムス・ボッシュだと考えられている]、版画、1559年、アムステルダム国立美術館)

LIBOR【LIBOR】(名詞、略語)

ロンドン銀行間取引金利(London Interbank Offered Rate)の頭文字で、銀行が相互間の借り入れにかかる金利を判断する**ベンチマーク**として使われている。外部者は、銀行間の競争入札で決まると信じていたが、2012年に詐欺的な談合が行われていたことが発覚した。現在、LIBORの入札はイギリス政府の監督下で行われ、少なくとも今のところは公正に見える。かつては「リーボア」と発音する人もいた

が、今ではみんな「ライボー」が正しいと分かっている。

OPM【OPM】（名詞、略語）
「他人のお金」参照。

PER【price/earnings ratio、P/E ratio】（名詞、略語）
「**株価収益率**」参照。

QE【QE】（名詞、略語）
「**量的緩和**」参照。

REIT【REIT】（名詞、略語）
「**不動産投資信託**」参照。

ROE【return on equity】（名詞、略語）
「**株主資本利益率**」参照。

X【X】（略語）
　インターネットや新聞の株価欄に記される記号。株や投資信託やETF（上場投資信託）がその日**配当落ち**になったことを示している。その前日や「X日」の株価は、1株当たりの配当分程度下げる。注意不足の投資家は、このような下落を不必要に警戒する傾向がある。

XBRL【XBRL】（名詞、略語）
　「拡張可能な事業報告言語」（eXtensible Business Reporting Language）の略称。SEC（米証券取引委員会）やほかのいくつかの機関で義務付けている仕様。企業は、英語や標準ソフト（例えば、Excel・エクセル）などで書かれた財務や規制に関する報告書をSEC

くらいしか理解できないXBRLに書き換える必要がある。SECは、これを英語とは似ても似つかない言葉にさらに書き換える。もしこのような複数の手順を非効率的だと思うならば、あなたは**情報開示**の仕組みが分かっていない。

アーニングサプライズ【earnings surprise】(名詞)

　ウォール街で驚きを持って受け取られる決算発表。ただし、これはウォール街以外では「現実」として知られている力によるものでしかない。経営者とその企業を観察している**アナリスト**が、何カ月も前から翌四半期の決算結果が正確に分かっているふりをしても、思わぬ理由 ── 絶滅危惧種の鳥がユタ州にある工場の電線で感電死した、どこかの発展途上国で戦争が勃発した、突如発生した問題の解決に4億3100万ドルかかったなど ── で、利益が**コンセンサス**予想に達しなくなる。ちなみに、1株当たり予想を1セント下回っただけのアーニングサプライズでも、株価はほんの何秒かで20％も下げることがよくある。ここ何十年かに発表された何十万という利益予想のデータを見れば、アナリストの利益予想は、1セント単位どころか、まったく当てにならないことが分かる。それなのに、投資家は相も変わらず予測が外れたと驚いており、そのこと自体が何よりも驚きだ。

アームズ・レングス【arm's length】(形容詞)

　関連会社間の交渉や取引においても、何ら恣意的な意図はなく、問題ないとして誤用される規則。例えば、ある会社が引退した幹部を顧問として雇う場合も、「アームズ・レングス取引」の契約とする。ただ、この公正さは、その会社の腕がどれだけ長いかによってかなり左右される。

あ

明らかに【clearly】（形容詞）

明らかではないこと。「明らかに」という言葉を使うアナリストや学者は、①有効な証拠がないのに何が起こるかを知っているふりをしている、②すでに起こったことを説明し、事後になって以前（まったく何も分かっていなかったとき）から知っていたと宣言する。

「後知恵バイアス」参照。

アキュミュレート（買い集める）【accumulate】（動詞）、アキュミュレーション（買い集め）【accumulation】（名詞）

アナリストが「買い（buy）」という言葉を使わないで株を推奨するときによく用いる用語。のちに株価が下落したとしても、非難を多少はかわすことができる。

★怒った顧客が文句を言いに来た。「どういうつもりで史上最高値のメマイ社を勧めたんだ。1週間で88％も下落したんだぞ」。証券会社のシュマッツ・ゴミッシュ・ドレック＆プーでシニアアナリストを務めるケント・B・ソローはすまして答えた。「買い（buy）を推奨したわけではありません。買い集めをするよう勧めただけです」

アクティビスト【activist】（名詞）

物言う株主。1920年代は「妨害の達人」、1980年代は「乗っ取り屋」として知られた扇動者。大株主になって、**配当を増やせ**とか、**資産を売却しろ**とか、**経営陣**の退任を要求するなどして、業績が悪い会社に揺さぶりをかける。最近では、年金ファンドやそのほかの**洗練された投資家**が何十億ドルもの資金を背景に、これまでよりももったいぶって「アクティビスト」と名乗っている。

アクティブ【active】（形容詞）

　出来高が多い株のことで、これは概して、トレードを執行するブローカーに富をもたらし、トレードを依頼した人たちの富を減らす。

　またはポートフォリオマネジャーは、最高の投資先を探し、最悪の投資先を避けることで市場を上回ろうとすること。彼らは投資先を徹底的に調べるが、十分理解したころには情報は古くなっており、売らざるを得なくなる。ほとんどのマネジャーは、このために１年を費やし、投資家には毎年投資額の１～２％のコストがかかる。

　アクティブなマネジャーが１年間何もしなければ、パフォーマンスが約１％上がることは、複数の研究が証明している。そのため、ファンドマネジャーは１月１日から１年間休暇をとるか、自分の代わりにウドの鉢植えでも置いておくほうがパフォーマンスは向上する可能性が高い。しかし、それを顧客に納得させるのは簡単ではないため、アクティブマネジャーは、富――少なくとも顧客の富――を創造するのではなく、減らし続けることになる。

　「手数料」「ポートフォリオ回転率」「リサーチ」参照。

アセットクラス【asset class】（名詞）

　「資産クラス」参照。

アセットアロケーション【asset allocation】（名詞）

　「資産配分」参照。

アックス【axe】（名詞）

　その意見が株の価格に大きな影響力を及ぼすウォール街のアナリスト。しかし、連勝が止まると影響力はなくなる。しかし、そのころには、新しい「アックス」が現れる。このおかしなサイクルは何十年も続いているが、ほとんどの投資家は、有効と言えるほど長い期間、同

じ人が予想しているわけではないことに気づいていない。

後知恵バイアス【hindsight bias】（名詞）

　2008年の金融危機を事前に予測したマーケットの専門家はおそらく両手に満たないほどしかいなかったと思うが、ウォール街でエルメスのネクタイを振れば、必ず自分は予想したと主張する人に当たる。それが典型的な後知恵バイアスで、人間の脳には驚いたことを消し去るメカニズムがある。脳は、起こったことが分かってから、それが起こることをすでに知っていたのだと自らをだまして信じさせる。「あとから見ればはっきりと見える」ということわざがあるが、実際には医学的に目が見えないよりは多少マシな程度にすぎない。もし自分の予想を記録し、結果を追跡していたのでなければ、そうなることは分かっていたと言うべきではない。つまり、専門家の過去の予想をすべて確認できないのならば、彼らの将来の見通しも信じるべきではない。

　「確実性」「明らかに」「予測」「記憶」参照。

アナリスト【analyst】（名詞）

　会社分析の専門家で、企業の価値を理論的かつ詳細に見積もる能力があるとされているが、実際にはセールスマンや勢子として機能している。

> ★「今四半期のサイバースシ社の1株当たり利益は1.43ドルと予想しています」と、アラバマ州マッスル・ショールズにある証券会社メルク・マッド・マーシュ＆メイヤーで、サイバースシ（タブレットで寿司を注文できることが売りの急成長企業）を担当しているアナリストのロージー・C・ナレオは言った。「私はほぼ毎日、経営陣と話をしていますが、彼らはかつてないほど楽観的です」

アノマリー【anomaly】（名詞）

明らかに高いリスクをとらなくてもマーケットを上回るリターンを上げることができる投資戦略や評価技術で、**効率的市場仮説**では説明がつかない。**1月効果**はその好例。毎年、いくつかの新しいアノマリーが学術誌で大々的に報じられる。しかし、過去の高パフォーマンスが公表されると、アノマリーのパフォーマンスは下がり始める。原因としては、**平均への回帰**、新規資金が殺到して追加的な潜在利益が失われる、投資家が実行すれば学者の計算には含まれない税金やトレード費用がかかる、結果は統計的偶然にすぎないなどが考えられる。

ノーベル経済学賞受賞者のマートン・ミラー曰く、「平均以上の利益はどんなことであれ、必然的にそれ自体の衰えの種を内包している」。

語源は、古代ギリシャ語の「規格外」「でこぼこ」。アノマリーに基づいた投資をするときは、本来の意味を念頭に置いて検討すべき。

アフィニティ・フラウド【affinity fraud】（名詞）

「**親近感詐欺**」参照。

アリゲーター・スプレッド【alligator spread】（名詞）

オプションに課される肉食系の手数料で、行使しても利益が上がる可能性はない。類似語に、アカプルコ・スプレッド、ミダス・スプレッド、キャデラック・スプレッドなどがある。どれもブローカーが顧客から過分な手数料をせしめることにちなんだ呼称。

アルゴ【algo】（名詞）

アルゴリズムトレーダーまたはアルゴリズムトレードの略で、人間の感情的なミスを機械的なミスや電子的なミスに置き換える手法。パフォーマンスは向上することも多いが、間違った方向に行けば、**フラッシュクラッシュ**を起こしかねない。アルゴは**高頻度トレード**のツー

ルを使い、たいていは細かい値幅で刻々とマーケットを変えながらベストプライスを探し、高速で自動的に売買していく。また、1万株の売り注文があれば、それを細かく分けて、47株はNYSE（ニューヨーク証券取引所）で午前10:01:52に37.88ドルで売り、56株はナスダックで午前10:01:53に37.89ドルで売る——といったことを行っている。アルゴは売り注文をすべて執行するまで、どれだけかかっても指示を出し続ける（数秒で終わることもあれば何日もかかることもある）。もしすべてのアルゴが同時に売れば、何兆ドル相当の資金が瞬時に失われることになるかもしれない。

アルファ【alpha】（名詞）

運。理論的に言えば、アルファはマーケット**指標**を上回るために**ポートフォリオマネジャー**がとったリスク調整後のリターン。スキルの同義語として使われているが、実はほとんどが偶然の産物。

★「ほかの投資家がモンゴル市場は崩壊すると言っているなか、当社はこの国の不動産担保証券を買いました」とボストンにある証券会社のボッシュ・トッシュ＆ナンセンスでアナリストを務めるイバナ・バトラーは言う。「すると、ラクダやバクのボツリヌス中毒症が蔓延し、モンゴル市場が高騰したため、この債券も高騰したのです。これは、当社がマーケットを上回るために行っているアルファを生み出す研究の直近の一例にすぎません」

アンカリング【anchoring】（名詞）

心的ショートカットや**ヒューリスティックス**のこと。どれほど見当違いでも、価値や確率を予測する基準として、すでにある数字に自動的に飛びついてしまい、新たな証拠を広範囲に探すという思考は停止してしまう。よく見られる例のひとつが、アナリストが市場価格とか

け離れた「目標値」を設定すること。それを聞いた投資家は、その数字が頭に刷り込まれ、それがどんなにバカげた値でも、期待値がそちらに引きずられてしまう。

　★アトランタにある投資銀行のモットー・パッカーでアナリストを務めるギルダ・リリーは昨日、経済専門チャンネルＣＮＢＣの番組で、「スナップアップキャップ社の株価は、６カ月後には1000ドルになると考えています」と語った。この会社は、野球帽を使ってテキストメッセージを送受信できるティーンエイジャー向けのサービスを提供しており、直近の株価は150ドル近辺。しかし、ミズーリ州セントルイスの個人投資家で、自称マーケットで「稼いでいる」ローランド・Ｅ・ダイスは言う。「そこまで上げると考えるのはどうかしてるよ」「つまり、もちろん、もしかしたらこの２倍くらいにはなるかもしれない。それでもたった300ドルだ。1000ドルなんてバカげているよ」

アンコンストレインド債券ファンド【unconstrained bond fund】（名詞）

投資家を失望させる方法に制約がない（unconstrained）債券型投資信託。

「ゴーエニホウェアファンド」参照。

安全な【safe】（形容詞）

破綻寸前の投資商品を売るときに使う言葉。

安全域【margin of safety】（名詞）

企業の事業の**価値**が、証券の市場価格をどれだけ上回っているか。もし**価格**が下げ、企業の価値が変わらなければ、投資家の安全域は狭まるのではなく、広がる。事業価値は少しずつ変わる一方、価格は爆発的に変動するため、安全域は混乱時になると広がる場合が多い。つ

まり、最も危険だと感じるときが最も安全に投資できるとき。このパラドックスを利用できる人だけが、投資家として持てる力を最大限発揮できる。

安全資産への逃避【flight to safety】（名詞）

　大勢の投資家が一斉に見せる動き。投資家の空想が飛躍したすぐあとに起こることが多い。リスクなどないと信じこんでいた投資家が、買ったばかりの危険なクズ投資案件を急いで売り払って、米国債などのより安全な資産に買い替えようとすること。ただ、これが起こるのは、ほとんどのリスクがマーケットからなくなったあとであることが多い。

アンダーウエート【underweight】（形容詞・動詞）

　保有する証券のなかで、投資比率が基準以下になっていること。例えば、S&P500のなかでアップルの市場価値が3.9％を占めているときに、あるファンドのアップルの割合が3.8％ならば、アップルが「アンダーウエート」になっていると言う。**キャリアリスク**や**相対パフォーマンス**に固執するポートフォリオマネジャーは、このわずかな差を「アップルの成長が持続しないことに大胆に賭けた」と説明する。

　「オーバーウエート」参照。

イールドカーブ【yield curve】(名詞)

さまざまな満期の債券の利率の評価方法。イールドカーブがどこに向かうかを予想するのは、ハリケーン時にひとつかみの羽がどこに着地するのかを予想するくらい簡単。「通常」のイールドカーブならば、資金を長くリスクにさらす長期債の利率のほうが高くなる。しかし、短期債から長期債まで利率があまり変わらず、イールドカーブが「フラット」になることもある。長期債の利回りが高くなれば「順イールド」、短期債のほうが高くなれば「逆イールド」と呼ばれる。予想が難しくても、プロの債券マネジャーが1年後やそれ以上先のイールドカーブを予想して投資するのをやめるわけではない。だから、あなたは彼らの言うことを真剣に聞くべきではない。

1月効果【January effect】(名詞)

みんなが株を高値で買う1月の直前の12月に、小型株のパフォーマンスが特に良くなる傾向。

一般投資家【retail investor】(名詞)

比較的少額の資金を、手数料やそれ以外の収入を受け取ることなく投資している人。多くはマーケットが暴落しても、断固として何年も、何十年も保有し続ける。当然ながら、**スマートマネー**や**ポートフォリオマネジャー**(ひどいパフォーマンスでも多額の手数料を徴収している人たち)は、一般投資家をバカにしている。

「個人投資家」参照。

委任状【proxy statement】(名詞)

　前年の業績が不振でも、経営陣に対して過剰な報酬を与える許可を求めるために、企業が毎年株主に送る書類。ほとんどの投資家は読むことも投票することもなく捨ててしまい、翌年も経営陣の報酬の高さや業績の悪さについて文句を言う。このサイクルは、12カ月ごとに繰り返される。

イヌ【dog】(名詞)

　ウォール街にいる多種多様な動物のなかでも最も不愉快なタイプ。価格が上がらず、ダウン(伏せ)以外の命令を聞かない株。どの株式市場のイヌも、最初は楽しく遊んでいるが、いずれ**ブル**にも**ベア**にも噛みつくようになる。「友だちが欲しければ犬を飼えばよい」と言った人は、ウォール街のイヌを知らなかったのだろう。

「陽気な犬」(カリアー&アイブス、石版画、1878年ごろ、米国議会図書館)

インキュベート【incubate】(動詞)

　投資信託を、運用会社の自己資金を使ってパイロットファンドを運用すること。このポートフォリオには、柔軟性が高く、規模がかなり小さいという並外れたメリットがある。もしこれがうまくいけば、運用会社は1年後にファンドを売り出し、1年間「市場を上回ったパフォーマンス」をうたってたくさんの新規投資家を引き付ける。もし失敗したら、その会社は人知れずそのファンドを閉鎖する。

インサイダー【insider】(名詞)

　企業の上級幹部や、10%以上の株を所有する外部オーナー。一般投資家以上に**自信過剰**になる傾向がある。多くのインサイダーは、企業の将来に関して、自分はよく分かっていると自らを過大評価している。経営陣が熱心に自社株買いを行っている企業の経営状態は平均以上だという証拠も多少はあるが、破産寸前まで幹部が大量に自社株買いを行っていた例も多くある。インサイダーのトレードを観察するのも良いが、それをまねるのには注意が必要だ。

インサイド情報【inside information】(名詞)

　「**内部情報**」参照。

インセンティブフィー【performance incentive fee】(名詞)

　「**フルクラム手数料**」「**成功報酬**」参照。

インタレスト(利子、利息、関心)【interest】(名詞)

　借り手が貸し手に支払うお金(利子)。**債券**に投資した投資家の利益(利息)。債券発行者の財務の健全性について、投資家が用心深く維持すべき姿勢(関心)。

　語源はラテン語のinter(間)と、esse(将来)で、「間にある、または入る」という意味になる。関係がある人や物、またはそれらをまとめるという意味のinterestedも同じ語源。

　利息の支払いという概念は、現存する世界最古の法典のひとつであるエシュヌンナ法典(紀元前1900年ごろ)にも書かれている。解明されているメソポタミア時代の重さと基準で計算すると、大麦を貸し付けるときの利率は33.3%だったと推測できる。

　ローマ法でinteresseは債務を履行できない場合の罰を示していた。ちなみに、現代のinterest、つまり返済利率はusuraと呼ばれていた。

中世には、カトリック教会によって、貸し手はそれが良い貸し付けであっても、一種の損失として計上することが許されていた。貸し手が借り手のために資金の運用をあきらめ、その利益を再投資することもできないという理由からだった。1200年代初めには、このような損失の補償として、貸し手は高い利息を請求しても非難されないという暗黙の了解ができていた。intereste という言葉は、1300年代初めごろから英語に散発的に見られるようになった。金利は、もともとはイギリスでヘンリー8世が1545年に発布した法令によって合法化され、上限が10％に設定された。そのあと、この言葉はよく使われるようになった。

ちなみに、当事者間の共通の関心というもともとの意味は、利子を支払う側と受け取る側が同じ関心を共有していること、つまり返済が期限どおりに行われるのが理想的、ということを示唆している。

インデックス【index】（名詞）
「指標」参照。

インデックスファンド【index fund】（名詞）
機械が運用している**投資信託**やETF（上場投資信託）の一種で、これに比べれば**アクティブファンド**を運用している人間はサルに見える。インデックスファンドは、指標に含まれる株や債券を実質的にすべて保有することで、マーケットを打ち負かすのではなく、マーケットそのもののリターンを目指している。自分以外の何千万人という投資家がみんな間違っていることを前提としているアクティブマネジャーと違い、インデックスファンドは市場価格がおおむね証券の価値の最も妥当な推測値だと想定している。インデックスファンドはファンドの手数料もトレードの手数料も極めて安いため、ウォール街では「なぜ平均で満足するのか」とさげすまれている。その答えは、インデック

スファンドが低コストで、ほとんどのアクティブファンドを上回るパフォーマンスを上げているから。

★「当社の顧客は、インデックスファンドでは満足できません」と、証券会社パットナム・ウッド・グリーン・バンカー＆パーのロビン・M・デイリーCEO（最高経営責任者）は、先週行われた証券業界の夕食会の席で語った。すると、資産運用会社のスティール・キャッシュ＆レクターのジャスティン・アベル社長も、「まったく同感です」と続けた。そのあと、彼が「ロビン、あなた自身はご自分の資金をどこに投資しているのですか」と尋ねると、デイリー氏は高級葉巻を吸いながら「もちろんすべてインデックスファンドですよ」と答えた。すると、アベル氏も1982年物のボルドーワインを一口すすってから言った。「私もです」

インフレ【inflation】（名詞）

時間の経過とともにお金の価値が下がったり（worth less）、あるいは、時には無価値（worthless）になって購買力を失う過程。インフレは、通常、政府が特定の経済問題を新規発行したお金で葬ろうとしたときに起こり、それによって日々の生活の負担を大きくするというより大きな問題を生み出す（特に貧困層にとって）。コメディアンのヘニー・ヤングマンが言うように、「アメリカ人は強くなった。以前は10ドル分の日用品を2人がかりで運んでいたのに、今では5歳の子が一人で持っている」。

ウエルスマネジャー【wealth manager】（名詞）

上流階級の人に資産管理の方法を伝える中流階級の一員。まずは毎年約１％の手数料を要求する。手数料を何年も受け取っていると、ウエルスマネジャーはそれだけで少しずつ裕福になり、自分もウエルスマネジャーを雇うべきかどうか悩むようになる。

★「当社では、お客様に最高の資産運用会社と世界一洗練された戦略を提供しています」と言うのは、ニューヨーク州マトンタウンにある資産運用会社のパラシュート＆キラムでシニアパートナー兼ウエルスマネジャーを務めるケント・A・フォーダムだ。彼は、「結果は見ていただければ明らかです」と言いながら、最寄りの空港に駐機してあるガルフストリーム社のプライベートジェットに乗り込んだ。

動く【act】（動詞）

金融市場が、まるで自我と反抗心を持った生き物のような様子を見せるとされていること。トレーダーやマーケットアナリストは、「マーケットの動きは正しくない」「マーケットは、何があろうと上げると決めているような動きを見せている」「マーケットが神経質な動きを見せている」などといった使い方をする。コロンビア大学の社会心理学者であるマイケル・モリスは主導した研究のなかで、「株価変動を物理的な動きになぞらえたほうが、投資家はマーケットのトレンドが継続すると考える傾向がある」ことを示した。

「今日のダウ平均は上値を追う展開」「青天井の相場展開」といった

動的なイメージは、それ自体が力を持っている。人はもともと動くものに興奮する。社会でなじみ深い言葉を使って表現されていればなおさらだ。市場のニュースも、スポーツ選手が全力疾走したり、跳躍したり、崖から飛び込んだりする様子に例えて伝えたほうが、ただ数字を並べるよりもはるかに面白くなる。

マーケットが「動く」という考えは、100年前からあった。17世紀のアムステルダムで、株は動きを意味するactie、トレーダーはactionistと呼ばれていた。フランスでも、トレーダーはactionnaireだった。

ただ、それだけでこの考えが有効とは限らない。マーケットが「20ポイント跳ねる」ほうが「20ポイント上昇した」よりも上昇に勢いがある感じがするが、実際は違う。何百万人ものトレーダーが身構えていても、だれかが買ってくれなければ売ることはできない。株式市場は、統一された集団でもなければ、まとまって動くわけでもない。これは、意見が対立する人たちが、それぞれが考える価格を提示することができる仕組みなのである。そのため、投資家はマーケットがどう「動いているか」を表現する動詞は無視して、価格変動の大きさ（％）に注目すべき。マーケットが跳ねたり、急伸したり、急騰したり、突っ込んだり、崩壊したり、暴落したりしても、実は１％も動いていないことが多い。

腕【touch】（名詞）

プロの投資家がマーケットを上回る方法を知っているように見せる「何か」。しかし、連勝が途絶えると、周りは「あのマネジャーは『腕』が落ちた」と言う。ただし、勝っていたときと何が違うのかを正確に指摘できる人はいない。

売り持ち【short】（名詞）

「ショート」参照。

売る【sell】（動詞）

ウォール街のアナリストが、株価やマーケットの状況に関係なく、投資家にほとんど勧めないこと（「**買う**」参照）。

多作の金融ジャーナリストであるフィル・ページが最近、次のような記事を書いている。

★エモフォン社の株は、ユーザーのムードに合わせて携帯電話の色が変わる主力商品のアプリの売り上げが低迷しているため、今年に入って10％下落している。3月には、空売り筋が同社の積極的な会計処理を指摘するなか、CFO（最高財務責任者）のアストン・マーティンが辞任した。エモフォンの株は、この件が発覚するまで3万5000％以上上昇しており、今でも来年のコンセンサス予想利益の2000倍でトレードされているが、割高を指摘する声もある。それでも、ほとんどのアナリストは楽観的だ。「私たちは心配していないし、もちろん売るべきではありません」と、ニューヨークにある証券会社のアルフレッド・E・ニューマン＆カンパニーでアナリストを務めるI・C・ナットンは語った。

うわさ【rumor】(名詞)

ウォール街では事実と同義語。

「国で最も重要な金融機関のよくある1日」
(KAL、ボルチモア・サン紙1989年10月17日付、ケビン・「KAL」・カルガー、Kaltoons.com)

上乗せ【sweeten】(動詞)

すでに高い買収提示額を、さらに引き上げること。

★今日、オムニボア社がノビンス社への買収額を1株当たり1.50ドル上乗せして、現金と株で65ドルを提示した。「これで合意できると考えています」と語るのは、オムニボアの買収顧問を務める投資銀行のビッドモア・ファスト&スウィンデルのパートナーであるハイディ・シルバーウェア。

買収提示額に上乗せすると、被買収側の株主にはより好ましく見える。しかし、長期的に見て買収側が報われるケースはほとんどない。そのため、買収側の株主は、将来の買収額の上乗せには賛成しないかもしれない。

ちなみに、名詞形のsweetenerは、買収側が上乗せした金額。

エコノミスト【economist】(名詞)

　現実の世界を象牙の塔の高みから研究し、人とモノとお金の混沌とした相互作用が自らの理論と合致していると結論付ける学者。なかには、すべてが実現する理論(少なくとも教室内では)を巧みに構築する人もいる。理論上は、理論と実践に違いはないため、エコノミストは教室で機能するものは現実の世界でも機能すると主張する。しかし、実際には何もやってみたことがない経済理論家は、「ハーレムの宦官」のようなもので、ハーバード大学のアレクサンダー・ガーシェンクロン教授曰く「彼らは愛についてすべてを知っていても、何もできない」。

エンハンスト・インデックス運用【enhanced indexing】(名詞)

　インデックスファンドのリターンを向上させるテクニック──ただしファンドマネジャーにとってのリターン。投資家が必ずしもその恩恵を受けるわけではない。
　「**スマートベータ指数**」参照。

オーバーウエート【overweight】(形容詞・動詞)

　保有する証券のなかで、投資比率が基準以上になっていること。例えば、S&P500のなかでアップルの市場価値が3.8％を占めているときに、あるファンドのアップルの割合が3.9％ならば、アップルが「オーバーウエート」になっていると言う。**キャリアリスク**や**相対パフォーマンス**に固執するポートフォリオマネジャーは、このわずかな差を「アップルの将来に大胆に賭けた」と説明する。

　「アンダーウエート」参照。

オーバーサイト【oversight】(名詞)

　まったく正反対の2つの意味がある言葉。当局やリスクマネジャーの「監督」と、「見落とし、または見過ごし」。まったく正反対の意味があること自体が、投資家にとってどちらの結果にもつながりかねない、という警告になる。

押し目【dip】(名詞・動詞)

　資産の市場価格が、一時的に浅く下げていること、今のところは。1929年の大暴落や2008～2009年の世界的な金融危機も最初の何日かはそうだった。すべての押し目が惨事につながるわけではないが、ほぼすべての惨事は押し目から始まる。「押し目買い」が成功への道だと信じている投資家は、自分が何をしたいのかをよく考えたほうがよい。持てる意志の力以上に押し目は深いかもしれない。

　「**調整**」参照。

押し目買い【buy the dips】（動詞）

「押し目」参照。

落ちていくナイフ【falling knife】（名詞）

価格が急落しているため、つかむのが難しい資産。つかもうとすればけがをする。**デッド・キャット・バウンス**（一時的な戻り）になるかもしれないし、**堕天使**になるかもしれない。どちらになるか予想していれば、けがの手当てをする間の時間がつぶせる。

投資家は、90％下げた資産はあと10％しか下げないと思いがちだが、それは違う。100ドルだった株が90％下げて10ドルになれば、そこから90％下げて1ドルになることは珍しくない。しかも、そのあとさらに90％下げて10セントになり、そこから90％下げれば1セントになるが、それでも終わりかどうかは分からない。落ちていくナイフは、あなたが思っているよりもはるかに速く遠くまで落ちていくが、そのことは自ら痛い目に遭って初めて分かる。

「ケンタウロスとファウヌス」（ジョバンニ・ドメニコ・ティエポロ、スケッチ、1775年ごろ、J・ポール・ゲティ美術館）

オノケンタウロス【onocentaur】（名詞）

①古代と中世の神話に出てくる生き物で、頭と胴体は人だが下半身はアフリカノロバ（ギリシャ語でonos）。②現代の金融市場の優占種。上半身は合理的に見えるが、下半身は強壮で、荒っぽく、危険。この形は、マーケットという生息環境——たいていは分別があるが、ときに正気を失う——に適応し、生き延びるための理想形。個体数は

すでに何千万頭にも上っている。彼らは衝動的に暴れまわることもあれば、時に良い判断をすることもあるため、その行動は極めて予想不可能で、捕食動物は散発的にしか捕獲することができない。そのうえ、オノケンタウロスは一蹴りで敵を仕留めることができ、繁殖力も旺盛かつ持続的。このような特性から、個体のほとんどが若くして死ぬにもかかわらず、遺伝子は次の世代に受け継がれていく。

オプション【option】（名詞）

金融資産を、特定の価格で、特定の時期以前に売買できる権利。語源はラテン語で「選択」を意味するoptio。オプションの仕組みを理解していない顧客がそれを学ぼうとする間に、株式ブローカーに相当額の手数料をもたらすもの。

★証券会社のボーン・リッチ＆ハウの顧客であるヒュー・アスキンミーは、こう説明した。「私はオプショントレードで、２人の子供をハーバードに行かせました。残念ながら、その２人は私のブローカーの子供ですが」

アリストテレスによれば、最も古いオプショントレードの記録は、もしかしたらミレトスのターレス（紀元前624〜547年ごろ）によるものかもしれない。ターレスは、「ギリシャ七賢人」のひとり。ある冬、天文学の知識を使って翌年はオリーブが豊作であることを予想した彼は、わずかな頭金で近所のオリーブの圧縮機械をすべて借り占めた。そのあと、オリーブが大量に収穫されると、圧縮機の需要が高まり、大儲けした。このことから、彼はオプショントレードでブローカーよりも儲けた最初の個人投資家ということができる。ちなみに、彼はブローカーよりも儲けた最後の個人投資家でもある。

愚か者【idiot】（名詞）

「デイトレーダー」参照。

買い集める【accumulate】(動詞)

「アキュミュレート」参照。

買い集め【accumulation】(名詞)

「アキュミュレーション」参照。

開示【disclosure】(名詞)

　法的に、企業のすべての責任を免除する文。免責されることのなかには、驚くほどあいまいでだれも理解できないような書き方をしないことも含まれている。開示は投資家を保護するためのものだが、実際には開示した企業を守るものになっている。

　ほとんどの投資家には、374ページにも及ぶ**目論見書**や財務諸表を精読する時間も専門知識も忍耐もない。それに、極めて具体的な開示を見ると、「過去のパフォーマンスが将来の結果を保証するものではありません」という警告を、将来の利益を約束しない、というだけの意味だろうと結論づけがちだ。しかし、この本当の意味は、過去の利益が将来の損失の可能性を下げるわけではない、ということなのである。

　広範囲に開示すると、投資家は知っておくべきことがすべて目論見書に書いてあると安心して、ほかの相反する可能性がある情報源を探さないかもしれない(「**確証バイアス**」参照)。

　複数のリスクを開示すると、それが起こる可能性を低く感じる、という逆の効果が生まれることもある。**当局**が、発行企業や銀行に考え

得るあらゆるリスクをこと細かく開示するよう強いたことで、リスクは膨大な数の複雑な出来事として投資家に示されることになった。しかし、その結果、このようなリスクが現実に起こり得ることを想像することすら難しくなってしまった。

開示は必要だが、十分ではない。投資家に必要なことをすべて伝えるのと、投資家にそれを理解させるのは、まったく別のことなのである。

当局は、万能薬のごとく開示に頼りたがるが、実際にはパンドラの箱のようなものになっている。

回転【rotation】（名詞）

「ローテーション」参照。

回転ドア【revolving door】（名詞）

当局と、彼らが監視する業界との間の高い壁。壁の一方には、公共サービスという崇高な考えがわずかながら見つかる可能性はあるが、もう一方には、10年かかっても得られないような給与やボーナスを1年で得ることができるポストがある。そのことは分かっていても、ドアの回転の速さには驚かされる。

業界に厳しく批判的な当局者ほど、回転ドアを抜ければ稼ぐことができる理由はいくつかある。①厳しかったことが客観的という評判をもたらし、彼らが抑制してきたことを支持すれば、信頼される。②金融業界と対立することで、彼らがどれほど危険性を理解しているかをアピールし、業界のリーダーの尊敬を勝ち得ることができる。③金融業界は彼らがいなくなるためならば大金を支払う。抜け目のない当局者は、業界に入る直前まで非常に厳しい姿勢を見せる傾向がある。最後に権力を振りかざすことで、回転ドアの向こう側の自由市場における彼らの価値はぐっと上がることになる。

注目の金融ジャーナリストのヒュー・ダンツが、最近次のように書いている。

★今週、私は元SEC（証券取引委員会）職員で、現在はニューヨークにある投資銀行のピーマー・ベンツ＆ピーマーで最高コンプライアンス責任者を務めるユースタス・シーモアに話を聞いた。彼は、同社の幹部用食堂で昼食をとりながら言った。「『回転ドア』が批判されていますが、問題があるどころか、その存在すら証明した人はいません」「公務員が、いずれ働くことになるかもしれないウォール街に甘いなどという話はバカげています」。こう言うと、シーモア氏は最高級のスコットランド産の天然サーモンに、大粒のベルーガキャビアをのせた。

「バターをかくはんする（回転させる）女性」（J・W・ダン、写真、1897年ごろ、米国議会図書館）

回転売買【churn】（動詞）

ポートフォリオを素早く入れ替えていくこと。その注文を執行する証券会社のみが儲かる。以前は株のブローカーくらいしかしていなかったが、今では金融界のハラキリとしてよく行われるようになった。自らを「投資家」と勘違いしている投機家が、ポートフォリオの資産を素早く繰り返し売買するのはその一例。彼らは、口座に資金があるかぎり、自分は「トレードの仕方を学んでいる」と説明する。そして資金が尽きると、学習も終わる。

回転率【turnover】（名詞）

「ポートフォリオ回転率」参照。

買い持ち【long】（名詞）

「ロング」参照。

買い戻す【cover】（動詞）

「カバー」参照。

買う【buy】（動詞）

ウォール街のアナリストが、株価やマーケットの状況に関係なく、投資家に常に勧めること。

「売る」参照。

カウンターパーティー【counterparty】（名詞）

トレード相手の人や会社。あなたが売るときの買い手、または買うときの売り手。もし相手方が取引カウンターに山のように群がっている様子をイメージできれば、トレードの注文は減るだろうが、実際の取引の執行はそんなものである。

価格【price】（名詞）

たいていは思い込みで、ほぼ必ず混乱を招く数字。

株やそのほかの金融資産に付けられた価格は、多いときは1日数千回もあわただしく変動し、その回数は脳に腐食性の負担を強いる。価値と多少の関係はあるかもしれないが、価格のほうが面白いため、ほとんどの金融メディアはこちらに食いつく。また、継続的に変動しても極めて明確なため、多くの投資家は価格を見て、株の正確な価値はいつでも知ることができる確実なもの、という幻想を抱いてしまう。

そのため、投資家はほんのわずかな価格の変化が非常に重要だと錯覚するが、小刻みな変化は実際には統計的なノイズにすぎない。価格が生み出す確実性という幻想の下で、投資家は価値が推定値だということも、月単位で見てもほとんど変動しないということも忘れてしまう。価格にいつも固執する投資家は、結局、トレードをしすぎることになり、みんなの気分の揺れに過剰反応してしまっている。結局、価値を確定することに集中した人たちだけが長期的に優れたリターンを上げることができる。

アメリカ株の呼値単位は、100年前には8分の1ドル（12.5セント）だったが、2001年には1セントに変わり、最近では10分の1セント、100分の1セントといった単位でもトレードされるようになっている。

もし自分の家の価値を聞かれたら、あなたは「23万7432ドル17セント」などと答えるだろうか。もちろん、そんな答えはしない。それは、あなたが自分を含めてだれも家の価値を、セント単位どころか1000ドル単位でさえ分からないと知っているからだ。そのため、答えは「おそらく20万ドルから25万ドルの間くらい」といった形になる。

株やそのほかの金融資産においても、価格は推定値でしかない。正確に見えても、それはただの幻想なのである。

過去【past, the】（名詞）

私たちが暮らす現実の世界では、何年か、何百年か、何千年かにかかわらず、ある一定の時間をさかのぼったときのこと。ウォール街では、最大5分さかのぼったときのことをいう。

偉大な作家であるアイザック・バシェヴィス・シンガーはかつて、「ユダヤ人はこれまでさまざまな病に苦しんできたが、そのなかに記憶喪失は入っていない」と言っている。ウォール街も、たくさんの病にかかってきたが、そのなかでものすごく多い病が記憶喪失。過去を葬ることで、金融界は自らが犯した過去の間違いから学ぶことをしないで、

顧客がほかの人たちの間違いから学ぶチャンスを奪っている。

確実性【certainty】（名詞）

　経済的なことや地政学的なことは、明らかで予測可能だとする想像上の状態で、投資家のみんなはこれを求める。しかし、このような状態は、過去にも、現在にも存在したことがなかったし、将来も存在しない。

　金融市場の最も基本的な特性は、不確実さである。確実に起こると思うと、それが間違いだと、金融市場は見せつけてくる。

　騒動や混乱が明らかになると、学者たちは「投資家は**不確実さを嫌う**」と言い張る。しかし、投資家が過去に直面したり、未来に直面するであろう状況のすべてが不確実なこと。古代メソポタミアで大麦と胡麻が初めてトレードされた日から、いつか地球で最後のトレードが行われる日まで、それは変わることはない。

　予期しないことは必ず起こるし、それが永遠に繰り返される。そして、学者たちは、次に何が起こるかを永遠に予測し続ける。しかし、もし予測できるならば、それは予測できないことではない。つまり、不確実さを嫌うということは、時間とエネルギーの無駄でしかなく、いわば引力を嫌ったり、時の流れに抵抗したりするようなこと。唯一確実なことは、不確実さがなくならないということだろう。それに慣れることができないのならば、マーケットから撤退してかかわらないようにするしかない。

確信【conviction】（名詞）

　資産価格が上昇したり、下落したりすることはほぼ確実だという強い信念。確信度が高いアイデアは、投資家がほぼ百パーセントうまくいくと思っているアイデア。ただし、これは普通以上に間違っている可能性が高い。

「**自信過剰**」参照。

確証バイアス【confirmation bias】（名詞）

　自分の考えを支持する証拠を探したり、選んだりする一方で、その考えに反する情報は軽視したり、無視したり、拒否したりする人の心の傾向。詩人のオグデン・ナッシュは、人は心を決めてしまうと、外側にしか開かない扉のようになり、「事実を突きつけられると、心をぴったりと閉じてしまうことしかできない」と言っている。

　確証バイアスは、非常に普遍的だが気づきにくいため、投資家は**チェックリスト**などの手順を使って、自分の判断が間違いかもしれないことを示す証拠を積極的に探したり、考慮したりしなければならない。そうしなければ、「自分は正しい」「みんなは間違っている」と反響し続ける頭の中の残響室から出られなくなる。

　これを読んだあなたは、おそらく確証バイアスなど自分には関係ないと思っただろう。しかし、そう思ったこと自体が、確証バイアスを持っている証拠ではないのだろうか。

格付け会社【rating agency】（名詞）

　スタンダード＆プアーズ、ムーディーズ、フィッチなど、どの債券がより安全かをAAAからDの格付けで示すことができると主張している会社。債券が**デフォルト**になると、彼らは必ず格付けを下げる（すでにしていなければ）。そのため、すでに起こったことならば、100％の確率で予想できることになる。過去の実績を見るかぎり、彼らが自社を格付けするとしたら、Fを付けるかもしれない。

　「**AAA**」「**信用格付け**」参照。

確定利付き【fixed income】（名詞）

　投資家がまったく予期しないときに変動することが確定している収

入。

影の銀行【shadow banking】（名詞）
「シャドーバンキング」参照。

価値【value】（名詞）
　ジャーナリストが「今日、この株は20％の価値を失った……」などと書くと、大混乱を来す言葉。実際には、価値が20％失われたのではなく、**価格**が20％下げただけ。根底にある事業の価値の変化は、あったとしてもほんのわずか。価格は刻一刻と変わっていくが、価値は、正しく理解していれば、月単位や年単位で変わっていく。ベンジャミン・グレアムがウォーレン・バフェットに教えたように、「価格は支払うもの、価値は受け取るもの」。

　価値は、資産を評価するために必要な情報を入手できる分別ある買い手が、その資産が寿命までに生み出す現金の量に基づいて推測する値打ち。株の価値は、根底の事業が現金を生み出す可能性によって決まり、それは日単位はもちろん、四半期単位や月単位でもあまり変わらない。一方、株の価格は１日に何千回と変わることもあるが、トレーダーがいちいち反応する出来事も会社の事業にはまったく影響を及ぼさない。

価値評価【mark】（名詞・動詞）
　証券の価格を記録すること。もし価格が付いていなければ、必要に応じて値を付けること。**ポートフォリオマネジャー**は、買い手が見つかると、価値評価を使って株や債券の価値を示す。「価値評価（マーク）」は、詐欺師が「餌食」「かも」を表す言葉としても使われてきた。ちなみに、ファンドが保有する資産について示す「価値評価」がその資産の価値だと信じている投資家は、彼ら自身が最大のマークになって

いることに気づいていない。

「カトブレパス」(ヤン・ヨンストン著『博物誌』第1巻、『四足獣誌』より、版画、1657年、インターネットアーカイブ)

カトブレパス【catoblepas】（名詞）

　雄牛（ブル）に似た架空の動物の、現代の金融界における姿。頭が重すぎて、上を見上げることができない。古代や中世の動物寓話集には、毒の息を吐き、大量のたてがみがいつも目を覆っている、と描写されている。現代のカトブレパスは、いつも「投資を始めるつもりだ。でも今日はやめておくよ。経済状況は悪いし、**不確実さが多すぎる**」などと言っている投資家。明日もまた「投資をするつもりだけれど、もう少ししたら」などと言うのだろう。彼はこの先も頭を下げて下を見続ける。マーケットが高くなればなるほど、カトブレパスは躍起になって自分は**ブル**だと主張し、世界の見通しが悪くなれば、彼はそれ以上に憂鬱になる。

金持ちの【rich】（形容詞）

　お金では買うことのできない欲しいものすべてを好きなだけ持っている状態。

「ヴァニタス」(ウィレム・フォン・スワネンバーグ（版画）、アブラハム・ブルーマールト（原画）、版画、1611年、J・ポール・ゲティ美術館)

カバー【cover】（動詞）

①損失の拡大を避けるため、含み損が出ている**空売り**のポジションを買い戻すこと。②株の動きを追跡すること。「アナリストがIBMをカバーする」。③借り手が負債の利子を上回る現金を産み出すこと。「バッドラック社は1.2倍カバーした」。④イギリスでは、**マージン**の同義語。どれも、さまざまな形で無益なことを表しているのかもしれない。

株【stock】（名詞）

企業の一部を所有する権利。ほとんどの投資家は、ビデオゲームをプレーする権利のようなものだと思っている。

stockの語源は、古チュートン語で「枝」「幹」「丸太」などを意味するstukko。テレビやインターネットが登場したことで、株は**銘柄コード**と、画面上で点滅しながら流れていく価格に集約されてしまい、古代の例えはほとんど忘れさられている。しかし、もともとのイメージは、青々と茂るたくさんの枝葉を支えながら、さらに高く成長していく幹というしっかりとした基盤。もし切られたとしても、そこから新たな芽が出てくる。つまり、stockの由来は、ほとんどの投資家が株に望むものを表しているが、彼らが株を木としてではなく、雑草のように扱うため、望みがかなうことはめったにない。

この言葉は、西暦862年にはstoccaまたはstocceとして古英語に登場した。たくさんの小さな枝を生み出していく木に例えられた最も古い意味は血筋で、これは今でも「彼女は良い家系（stock）の出だ」などと使われている。また、stockは接ぎ木された枝というニュアンスでも古くから使われている。

stokkeという言葉は、古くは精肉店や生魚店が商品をたたき切るための木のまな板のことだった。1282年には、ロンドン中心部にstokkes市場が作られ、これはディケンズの時代まで存続した。市の記録によれば、「この年（1450年）、stokkesは生魚店と精肉店に分け

られた」。ロンドンの証券市場ものちに同じ地区に作られたため、stock market（株式市場）という言葉が「値切る」「公開の競り」「商品を小売りするために血まみれになりながら切り分ける」などに由来していることは十分想像できる。

　15世紀ごろに、将来の経費をまかなうために確保しておく資金を意味するstokeやstockeという言葉が英語に登場した。そのすぐあとには、深く根付いた中心部分、または幹のイメージがstockに個人や国の全財産という意味を与えるようになった。例えば、1729年にはジョナサン・スウィフトが痛烈な風刺を効かせた散文『穏健なる提案』のなかで、アイルランドが貧民の赤子を食料として育てれば、「国の財政（stock）は年間5万ポンド増える」と主張している。

　17世紀初頭、stockという言葉はもともと会社の運営に使える資金を意味していた。「たくさんの人が……思い思いの額を出資し、集まった60万ポンドという素晴らしい資産（stock）がこの会社を大きくした」と、東インド会社の史家が1669年に書いている。当時は、この総資産のそれぞれの分け前もやはりstockと呼ばれていたが、それは今日の債券に当たる。

　投資家は、株をゲーム画面の点のようにプレーするよりも、木を植えるように扱うほうがはるかうまくいくだろう。

株価収益率（PER）【price/earnings ratio、P/E ratio】（名詞）

　株価を過去12カ月間の1株当たり**利益**で割った値。利益はさまざまな操作が可能なうえ、過去の利益は将来の利益の指針にはならないため、PERは企業の価値の指針としては不正確で誤解を招くことも多い。数年分の平均利益を使った「標準」PERのほうが、ある程度は信頼できる。「予想」PERは**アナリスト**の予想利益を使った無意味な数字。

株式公開買い付け【tender offer】（名詞）

投資家に特定の価格（通常は市場価格よりも高い）で株を売り渡すよう呼び掛けること。この提案に優しい（tender）要素はない。現経営陣は、さまざまなテクニックを駆使して自社株買いを行うが、相手は会社の支配権を狙う敵対的な買収者である場合が多いため、それを退けるためには厳しい作戦が必要になることもある。

「クラウンジュエル」「パックマンディフェンス」「ポイズンピル」「ホワイトナイト」参照。

株式市場【stock market】（名詞）

希望に対しては高すぎる価格を、価値に対しては安すぎる価格を提示する何百万人もの群衆が集う混沌とした場所。

株式市場とは、資金が余っている人が企業に投資して、生産的に使える企業に資本を効率的に配分するところではなく、将来が分かると思っている人に恥をかかせるところ。株式市場は、想定外の価格を付ける仕組みでもある。ここでは、尊大な人から謙虚な人に、満玉張る人から少し張る人に、最も知っているつもりになっている人から最も知らないと自覚している人に、手数料を支払っている人からそれを徴収している人に、富が移動している。

株式市場で、まるでゲームのように「プレー」している人は、いずれ負ける。自然の力に敬意を払い、謙虚に忍耐強く取り組んだ人だけが成功することができる。

株式ブローカー【stockbroker】（名詞）

買い手に危険を負担させる絶滅種とされている連中。かつては顧客のために投資信託を買うだけで、最大8.5%の**手数料**を一括で取っていた。ただ、絶滅したと言われていたが、今では証券会社の社員となり、**ファイナンシャルアドバイザー**と名を変えて、顧客が取引を続け

るかぎり毎年1％程度を取っている。この「ファイナンシャルアドバイザー」はたいてい幅広い助言をすることを禁止されており、顧客の利益を自分のそれよりも優先することについての義務も限定的なので、顧客の状況に関係なく所属会社が推奨することをそのまま助言している。それでも、「株式ブローカー」から「ファイナンシャルアドバイザー」に名前を変えたことで、ビジネス的にはうまくいっている。

「ブローカー」参照。

株主価値【shareholder value】（名詞）

経営者が企業に損害を与える可能性がある行動をとるときの口実。株主価値を上げると言うと、「株価を上げようとする」よりも洗練されているように聞こえるため、頻繁に使われているが、達成されることはほとんどない。経営陣が事業ではなく株のほうに集中し始めると、結果は決まっている。まず、経営が危なくなり、株がそれに続く。

★「当社では、株主価値の改善に、レーザー光線のように集中して取り組んでいます」と言うのは、デトロイトを本拠に高級デパートを展開するローブ・レーベ社のアイラ・バリスターCEO（最高経営責任者）兼会長。「店舗から不要なスタッフを削減し、過剰な営業費を削り、30億ドルを借り入れて増配と自社株買いを行いました。だからこそ、経営陣と取締役もこの1年で、合わせて200株以上を買っているのです」

株主資本【equity】（名詞）

企業の持ち分で、「株」の同義語として使われることも多い。

語源はラテン語で「平等」「等しい」を意味するaequusだと言われているが、同じラテン語のequus（馬）から派生したと考えるほうがよいのかもしれない。理由は、株の所有者がみんな平等に扱われると思っている株主と、馬の尻（バカな人）はよく似ているから。

「企業統治」参照。

株主資本利益率（ROE）【return on equity】（名詞）
　企業の利益率の一種で、純利益を株主資本で割って求める。ROEが高い会社は、「質が高い」と言われている。残念ながら、**平均への回帰**により、ROEから分かるのは会社の今後よりも過去。

株主総会【annual meeting】（名詞）
　毎年開かれる集まりで、空港に近いホテルなどで開催され、まずい食事とぬるいコーヒーが出る。ここでは、企業の経営陣が業績を見栄えよく紹介し、企業を所有する人たちの要望や苦情を聞くふりをする。

株主割当増資【rights offering】（名詞）
　投資家が権利を奪われることが多い取引。

空売り【short】（名詞）
　「ショート」参照。

彼ら【they、them】（代名詞）
　マーケットを動かす人として、常にいわくありげに小声で語られる見えない力のこと。「彼ら」を語る人たちによれば、彼らは全知全能で、至るところにいる。ギリシャ神話の運命の三女神のように、「彼ら」は事が起こる前にそれを知っていて、すべての投資家の運命を握っている。「彼ら」に名前はなく、どこにいるかも分からず、検証された実績もない。にもかかわらず、私たちは「彼ら」に注意し、恐れすら抱くよう言われる。
　フレッド・シュエッド・ジュニアは、1940年に書いた『投資家のヨットはどこにある？』（パンローリング）に次のように書いている。

「彼ら」とはだれなのだろうか。偉大な投機家か相場の繰り手、それとも冥界の悪魔か、そのすべてか。「彼ら」は、ひと昔ほど前ならば実在していたのかもしれない。……当時のマーケットは小規模で、「彼ら」の存在は大きかった。彼らは金やエリー鉄道株を活発にトレードし、……追従者や彼ら同士で、儲けることもあれば、破産することもあった。

この10年間は、偉大な投機家や相場の繰り手はまったくいなかった。しかし、「彼ら」という代名詞が廃れることはなかった。彼らは守り神になったのかもしれない。

また、「アダム・スミス」(ジョージ・グッドマンのペンネーム)は1968年に『マネーゲーム』(マネジメントセンター出版部)のなかで、次のように書いている。

「彼ら」とはだれなのだろうか。株を動かしている人たちだ。彼らはいち早く情報を手に入れるだけでなく、もしかしたら自ら情報を作り出し、株価を上げたり下げたりしようとしているのかもしれない。彼らは謎めいた存在で、名前も分からないが、強大で、すべてを知っている。だれも彼らを困らせることはできない。彼らは市場の権力者なのだ。

しかし、「彼ら」は本当にいるのだろうか。

一言で言えば、「彼ら」はいない。

「インサイダー」「スマートマネー」「洗練された投資家」参照。

元金【principal】(名詞)

期日に返済する借入総額。**利回り**を求めて借りた元金の一部または全額を失った投資家は、頭が混乱する。

語源はローマ時代の「最初」を意味するprimusと、「頭」を意味するcaputの代替形であるcepsの組み合わせ(caputは**資本**を意味するcapitalの語源でもある)。つまり、元金は借入の頭ということであり、

債券の「額面」という言葉も理にかなっている。

元金を守ることは、債券投資（**確定利付き債**）の最も重要な原則。

監査人【auditor】（名詞）

語源はラテン語で「聞く人」。英語では、従う人という意味もある。会計士は、財務諸表を経営陣が見せたいと望む形で承認することが非常に多い。

★「私たち会計士の仕事は、企業の財務諸表を公正かつ正確に示すことです」と、ヘタニー・カクス・カエル＆ベリー監査法人のパートナーで、シカゴ事務所に勤務するシーモア・ビリングスは大口顧客の小売りチェーンを訪問したときに語った。そして「私たちは、警察でも詐欺発見器でもありません」と続けた。このとき隣のビルでは、小売りチェーンの社員が財務記録が詰まったキャビネットを、ごみ収集車に積み込んでいた。

関心【interest】（名詞）

「インタレスト」参照。

記憶【memory】(名詞)

人間の脳が持つ恣意的で便利な機能。これによって投資家は成功したことはすべて思い出せるが、失敗したことはすべて忘れる。偉大な投資家だったベンジャミン・グレアムは次のように書いている。「ブルボン家（フランス王朝）の人々は何も忘れず、何も学ばず、と言われているが、私に言わせれば、ウォール街の連中は何も学ばず、すべてを忘れる」

思い出すことができる投資家は、有利に戦える。

機関投資家【institutional investor】(名詞)

賢い助言がなければ、大きなポートフォリオ（たいていは1000万ドル以上）をダメにしてしまう人。

「個人投資家」参照。

企業統治【corporate governance】(名詞)

すべての投資家を平等に扱うとしながら、経営陣と数少ない外部の有力株主のために運営されている企業がとっている手順。「強力な企業統治」を豪語する企業は、一握りの幸運な投資家を手厚く扱い、それ以外の人には等しくひどい扱いをしていることが多い。

期待リターン【expected return】(名詞)

資産から予想できる価値の成長率。興奮した投資家の想像力によって、実際に実現されるリターンの約2倍になる。結局、パフォーマン

スが期待を大きく下回ると、投資家は癇癪を起こし、手仕舞う。

　もし投資家が過去のパフォーマンスよりも低いリターンを期待していれば、短期的な結果が悪くても、保有し続けることができたかもしれない。G・K・チェスタートンは次のように書いている。「人は多少の皮肉を込めて、『幸福とは、何も期待せず、よって失望することもないこと』と言う。しかし、聖フランチェスコは、楽しそうに、熱意を込めて言う。『幸福とは、何も期待せず、よってすべてを楽しめること』」

キッチンシンク【kitchen-sink】（動詞）

　考え得るすべての悪材料をある四半期の**利益**に計上して、将来の業績を良く見せようとすること。第二次世界大戦の空爆で、爆撃機が「キッチンシンク（台所の流し）以外何でも」投下する、と表現されていたことに由来する。

　1980年代には、「ビッグバス」（大きな風呂）という言葉もよく使われていたが、それ以降はキッチンシンクのほうが使われるようになった。もしかしたら、台所の流しのほうがさまざまな生ゴミで詰まりやすいからかもしれない。

　2008～2009年の金融危機には多くの会社が、撤退した事業の経費や人件費と、損失は早めに、収入は通常よりも遅めに計上することで、「四半期をキッチンシンクする」という表現がさかんに使われた。厳しい経済状況を背景に、悪材料を一気に吐き出させたのだ。すると、投資家はそのことについて無能呼ばわりしたり、失策が多いと非難したりするどころか、率直だと評価した。そのうえ、2009年のキッチンシンクは、2010年の前年同四半期比がはるかによく見える効果を生んだ（「**単純比較**」参照）。ウォール街では、率直な行動でさえ下心がある。

寄付【endowment】（名詞）

　大学、病院、慈善団体などの運営を助けるための共同出資金。ただ、これらの機関は永続的なものであるはずなのに、寄付はいつも次の1～3年のみを考えて運用されている。

逆張り派【contrarian】（名詞）

　「コントラリアン」参照。

キャリアリスク【career risk】（名詞）

　マネーマネジャーが顧客を失い、高額な報酬を危うくし、そのキャリアを傷つける可能性がある個人的なリスク。マネーマネジャーが重視する唯一のリスク。プロの投資家が正しいときは、だれも理由は問わない。顧客は利益を数えるのに忙しくて説明を聞く暇はないからだ。しかし、マネーマネジャーが間違えば、顧客はすぐに間違った理由を問いただす。間違い方には2通りある。もしポートフォリオマネジャーがほかの多くのマネジャーとともに間違えたならば、それをとがめる人はいない。しかし、「そのマネジャーだけが間違った」場合は、間抜けに見える。

　マーケットの平均を上回るには、何かみんなと違うことをするしかない。しかし、長期的に見ればうまくいく方法でも、短期的に見れば不本意な結果になる時期が時にはあり、そのときのマネジャーは1人だけが間違っているように見えてしまう。

　キャリアリスクを考えれば、マネーマネジャーにとって非合理的なことをするのは合理的なことである。例えば、すでに割高になっている株を買ったり、割安な株を買っても十分値上がりするまで待たずに売ったり、ポートフォリオのパフォーマンスがマーケットからあまり乖離しないようにするために短ければ1日といった期間でパフォーマンスを比較する。

このような行動をしていると、必要以上にトレードすることになり、マネジャーは本来の仕事——割安の株を選んで何年も保有すること——ではなく、マーケットの動きをまねすることに過度に集中するようになる。ファンドマネジャーが彼らにとっての「リスク管理」の重要性を語り出したら、彼らが最も管理したいのはだれのリスクか理解しておく必要がある。もちろん、彼ら自身のリスクだ。

キャリードインタレスト【carried interest】（名詞）

プライベートエクイティファンドを運用する億万長者が高い税金を逃れるために、収入の多くを中産階級の人たちよりも低いくらいの税率しかかからないようにする方法。通常、彼らは運用資産の利益の20％を手数料として受け取っている。この収入は、税務上は「キャリードインタレスト」、つまり長期投資のキャピタルゲイン（またはロス）に分類され、税率は最高で23.8％。ちなみに、アメリカで成功したそのほかの人たちは、ほとんどがもっと高い所得税率を課されており、なかには43％を超える人もいる。

プライベートエクイティ業界の幹部の多くが、キャリードインタレストはバカバカしいほど不公平な特典で、廃止すべきものだとオフレコでは認めている。ただ、彼らも公式には、これが長期投資を奨励する公正で合理的なインセンティブだと弁明している。1年に何億ドルも稼いでいるのに、その大部分にかかる税率が年収何十万ドルかの人と同じになるのならば、そう言いたくもなるだろう。

富と論理を取り違えている人は、キャリードインタレストの課税方法を理にかなっていると擁護することが多い。金融ジャーナリストのイワナ・ニールは、最近執筆した「プライベートエクイティにもチャンスを」という記事のなかで、次のように述べている。

★「キャリードインタレストが所得格差を助長する不公平な方法だ、という見方を正当化するような根拠はありません」と語る

のは、プライベートエクイティ業界に助言しているコンサルティング会社のロード・キング・プリンス・バロン・デューク・アール・ノーブル・スクワイヤー＆マスターズでアナリストを務めるクレア・リー・クレイブンだ。先週、私はプライベートエクイティ会社であるモア・モア＆モアのマキシミリアン・バックスCEO（最高経営責任者）とも話をした。「キャリードインタレストに通常の所得税率を課すなど反米主義的です。キャリードインタレストは将来への投資なのです。秘書と同じ税率だという議論はバカげています。私は自分のメールは自分で書いてますよ」。そう言うと、バックス氏はそれを証明するように、自ら宛名を書いた議員宛ての封筒に、小切手を入れた。

救済（ベイルアウト）【bail out】（動詞）、【bailout】（名詞）

　銀行の経営陣が万策尽きる直前に試みること。また、納税者がそのあと銀行に押しつけられること。その結果、銀行の最高幹部は資産がそれぞれ何億ドルか増え、納税者の資産は全体で何十億ドルか減る。

　影響力の大きいジャーナリストのイワナ・ニールが、最近のコラムで、有力な財界人の苦しみについて回想している。

　★「わが社に対する批判は的外れです」。2008年8月に行ったインタビューで、ニューヨークにある巨大投資銀行ベイリー・ソルベントのザビエル・バッツCEO（最高経営責任者）はこう語った。「当社はこれまでと同様、今回の危機も乗り越えます。救済が必要になるなどという発想はバカげています」

　それから1年後、彼に電話を掛けると、元CEOはこう断言した。「あの資金は、政府に強要されて受け入れたのです。欲しくもなかったし、必要もなかったのです」。アルゼンチンのスキーリゾートで休暇を満喫していた彼は、リフトの軋む音にかき消されないよう大声で答えてくれた。

教会【church】（名詞）

信仰心あつい信者が神を礼拝する場所。**出資金詐欺**やそのほかの**親近感詐欺**などを目論む欲深い連中が、信心深い人たちからお金を引き出すための口実として使うこともある。毎年、何億ドルものお金が神への信仰心につけ込んだ投資詐欺によって搾取されている。教会に通う人たちは、マタイによる福音書にあるキリストの勧めを思い出すべきだろう。「だれも、2人の主人に仕えることはできない。一方を憎んで他方を愛するか、一方に親しんで他方を軽んじるかのどちらかになるだろう。あなたがたは、神と富とに仕えることはできない」

信心深い人を食い物にする連中は、恥ずべきほどたくさんいる。金融詐欺に遭っても神への信仰が深いゆえのことだと軽く考えないよう、常に心にとめておいてほしい。

ギリシャ【Greece】（名詞）

南ヨーロッパの国。哲学、数学、建築、債権者を不当に扱うことで有名。経済学者のカーメン・ラインハートとケネス・ロゴフによれば、ギリシャは1826〜2008年の51％の年においてデフォルトに陥ったり、債務返済が遅れたりしていた。それでも、プロの投資家は2000年代後半にわれ先にギリシャの債券を買い、2012年にギリシャが再びデフォルトに陥ると、「専門家」たちは驚いた。ちなみに、このような経歴を持つ借り手に貸してはならないことは、平均的な知能を持つ7歳児でも分かる。

金【gold】（名詞）

溶かしてカフスボタンや腕輪などを作ることができる黄色く輝く金属。ひと財産作るつもりで買うもの。

銀行休業日【bank holiday】（名詞）

祝日を祝うなどの理由で銀行が休業する日。しかし、1933年３月上旬の場合は、店舗を開けていたら破綻する可能性があったから。このような臨時休業日は、どこでも二度と起こらないはず。

「銀行に殺到する預金者」(写真、1933年、フランクリン・D・ルーズベルト大統領図書館・博物館)

近視眼【myopia】（名詞）

眼科学では、遠くのものが見えないという欠陥がある状態で、少数の人に見られる症状。「近視」「近眼」などとも呼ばれる。視覚障害としての近視眼は、レンズなどで矯正できる。そのため、これによって深刻な事態に陥っている人はあまりいない。しかし、投資の欠陥である近視眼はよくあることで、世界中で見られる。この場合、唯一の治療方法は規律と**忍耐**と**自制**。そのため、ほとんどの投資家が、近視眼による辛い結末に苦しんでいる。

「回転売買」「ポートフォリオ回転率」参照。

金投資家【goldbug】（名詞）

あらゆる出来事が、金価格の上昇につながると思っている人……それがいつになるか分からないが。

金融ジャーナリスト【financial journalist】（名詞）

紙面や画面上で、マーケットに関する単語を、内容は気にせず、最も目を引くように並び替える専門家。

金融ジャーナリストも20世紀初めまでは自分の仕事を理解しており、市場操作を目論む連中から公然と、あるいはこっそりとお金をもらってゴミのような投資を勧める記事を書いていた。ウィリアム・アームストロングが1848年に書いた『ストック・アンド・ストックジョビング・イン・ウォールストリート』(Stocks and Stock-Jobbing in Wall-Street)によると、当時の株式市場関連の記事の多くは、「特定の書き方をするよう賄賂を受け取った人が書いていた」という。また、1875年に出版されたマシュー・ヘイル・スミスの『ブル・アンド・ベア・オブ・ニューヨーク』(bulls and Bears of New York)には、証券取引所を取材する記者の公式プレスルームが、当時は投資銀行最大手だったヘンリー・クルーズ＆カンパニーの本社ビルのなかにあったと書いてある。初期の金融ジャーナリストのなかには、マーク・トゥエインもおり、自分が保有する株の株価を上げるために、それを売り込む記事を定期的に書いていた。

　今日、ほとんどの金融ジャーナリストは、誠実だが（向上した点）、無知でもある（悪化した点）。

く

クーポン【coupon】（名詞）
　債券の発行者が債権者に支払いを約束した利子。語源は古期フランス語で「切り取られた一片」という意味のcoupon、または債券の利息証書を切り離して支払いを受けるための「切る」という意味のcouper（「**歯形捺印証書**」参照）。フランス語のcouperには、「一撃を加える」という意味もある。発行者が利息を支払わなかったことがある債券を持っている人ならば思い当たるだろう。

クオンツ【quant】（名詞）
　コンピューターソフトや数学の公式を使って、ほとんど、もしくは、すべての判断を下すトレーダーや投資家。人間の判断という雑音に惑わされる要素を排除している。当然ながら、結果はそのソフトを設計したり公式を作ったりした人の判断以上にはならない。
　「モデル」参照。

靴磨きの少年【shoeshine boy】（名詞）
　仕手筋のひとりで、のちにSEC（証券取引委員会）の初代委員長に就任したジョセフ・P・ケネディが、1929年にウォール街の靴磨きの少年について、「彼は**株式市場**の最新ニュースを知っている」と言ったとされる逸話。
　彼は、「そのとき、靴磨きの少年はマーケットについて私と同じくらい知っていて、彼が私に教えてくれたことで間違ったことはなかった」と言った。少年の話を聞いたケネディは「ならば、自分かマーケ

ットのどちらかが間違っている」と思い、即座に持ち株のほとんどを売り払い、それによって1929年のウォール街の**クラッシュ**（**大暴落**）をかわすことができたと伝えられている。

　同様に、2000年初めのウォール・ストリート・ジャーナル紙が、マサチューセッツ州ケープコッドで理髪店を営むウィリアム・フリンがハイテク株のトレードで50万ドル以上を稼いだ、と報じた。客と1日中株のことばかり話している理髪店は、ハイテク**バブル**のピークを象徴していた（案の定、それからすぐに、マーケットは理髪店にかなりの**ヘアカット**を見舞った）。

　また、1840年のイギリスでは、みんなが鉄道株に夢中だった。偉大な作家のウィリアム・メイクピース・サッカレーが、酔っぱらいの浮浪者を含めて、貧しい人たちが株取引にとりつかれる様子を次のように風刺した。

　　自慢話をしながら
　　彼らは歩き出した。
　　オレはこのみすぼらしい連中のあとをついていった。
　　彼らの話が聞こえてきた。
　　オレはしらふなのか、目覚めているのか。
　　自分の耳が信じられなかった。
　　こんなに陰気な奴らが
　　鉄道株の話をしていたのだ。

　サッカレーは、作中でロンドンの貴族の家で奉公する無学の下男のジェームス・ブルーシという人物を生み出した。ジェームスは20ポンドでトレードを始め、それを瞬時に3万ポンドに増やすと、仕事を辞めてフルタイムの投資家になった。そして、フィッツ・ジェームス・オーガスタス・ドゥ・ラ・プルーシェと改名し、47の鉄道の重役になり、王や首相に謁見するに至った。しかし、バブルがはじけるとすべてを失い、結局、「運命の女神」という名のパブのバーテンになった（「フ

オーチュン」参照)。

それまで株式市場に興味がなかった人たちが熱心なトレーダーになると、危険は間違いなく高まる。しかし、ウォール街の「靴磨きの少年」理論には、それを利用してやろうという思いも入っている。もし無知とされている**一般投資家**が株に興味を持ち始めれば、専門家はそれまで以上にカモを見つけられるからだ。

しかし、自分が**スマートマネー**だと思っている人たちのなかで、靴磨きの少年が参入したときに撤退できる人がどれだけいるだろうか。ほとんどの「スマートマネー」は、靴磨きの少年が参入したことによってブル相場がさらに進み、売るために必要な**より愚かな者**がより多く集まってきたとほくそ笑むだろう。

そして、マーケットがピークを迎えると、このジョークはみんなに当てはまるようになる。自分が「スマートマネー」だと思っている人たちも、彼らが見下す靴磨きの少年と同じような考え方をし始めるのだ。

「ジョージア州コロンバスの靴磨きの少年」(ジョン・バション、写真、1940年、米国議会図書館)

クラウンジュエル【crown-jewel defense】(名詞)

敵対的な買収者による**株式公開買い付け**への対抗策で、最も魅力的な事業を売却して企業の魅力を下げ、独立性を維持する可能性を高めること。つまり、企業の経営陣が、自分の仕事と企業の所有する最も利益率が高い資産の選択を迫られて、自分の仕事を選ぶこと。株主の優先事項は違うかもしれないが、株主の意見を聞く経営陣はいない。

クラッシュ（大暴落）【crash】（動詞・名詞）

　価格が恐ろしいほど急落すること。金融市場全体を押し流すほどの大幅かつ突然の下落。何かが砕け散る音をまねたオノマトペ、または擬態語であるクラッシュは、1400年ごろのイギリスでも使われていた（頭蓋骨の障害がある人特有とされる裂け目を意味するcraze［正気を失う］も、おそらく語源は同じ）。

　意外なことに、クラッシュが金融用語として知られるようになったのは1817年になってからだった。詩人のサミュエル・テイラー・コールリッジが『文学的自叙伝』（法政大学出版局）のなかで典型的な信用崩壊を「立て続けに起こる爆発と（商人の言葉で言えばクラッシュ）、そのあと必然的に起こる金融制度の混乱」と説明している。

　ウィリアム・アームストロングは1848年に書いた『ストック・アンド・ストックジョビング・イン・ウォールストリート』（Stocks and Stock-Jobbing in Wall-Street）のなかで、クラッシュという言葉を繰り返し使っている。しかし、この言葉は、少なくともアメリカでは、市場全体ではなく、特定の銘柄が急落することを意味することが多くなっていった。アームストロングの時代、株式市場全体の下落は「爆発（explosion）」「ブレイク（break）」「危機（crisis）」「動乱（convulsion）」などと呼ばれていた。

　「クラッシュ」は、ここ何十年かは破壊的な下落——例えば1929年9月から1932年7月までにアメリカの株価が84％下落した世界大恐慌——を表す言葉として使われていた。しかし、最近の金融メディアは、ダウ平均が1日で1万7246ドルから1万6933ドルに下落したときでもこの言葉を使っている。しかし、この下落の割合を1日の気温の変化に置き換えれば、暖かかった20度から極寒の19.3度に低下と言っているようなもの。おぉ寒う。

く

「1929年の大暴落のあとニューヨーク証券取引所に集まった群衆」
(写真、1929年、米国議会図書館)

グリーンシュー【green shoe】（名詞・形容詞）

　投資銀行が、投資家の需要に合わせて証券を計画より多く発行できること。1960年のグリーン・シュー・カンパニーのIPO（新規公開株式）で、あまりの人気に銀行が会社から追加の株を買って注文に応じたことに由来するとされている。投資家は、もしグリーンシュー（緑の靴）が買えなくても、破産する（靴も買えなくなる）ことはないということを覚えておいてほしい。

グリーンメール【greenmail】（名詞・動詞）

　Greenbacks（ドル紙幣）とBlackmail（ブラックメール）を掛け合わせた言葉。敵対的買収を仕掛けられた企業が、仕掛けた相手から市場価格を上回る価格で株を買い取ることを、グリーンメールと言う。買収の標的になった企業の能力のない経営陣は、自らの仕事と異常に高い報酬を維持することができ、買収提案側は問題を抱える企業を立て直すことなく、手早く儲けることができる。残った外部株主には、能なしの経営陣とそれまでよりも現金が減った企業が残る。

クレジットカード【credit card】（名詞）

プラスチック製の薄い板で、これを使えば今日の楽しみと引き換えに明日の痛みを招くことができる。

クローゼットインデックス【closet indexing】（名詞）

アクティブ投資のなかで最もアクティブではないスタイル。ポートフォリオマネジャーは指標となる**インデックスファンド**とほぼ同じ証券を保有することで、パフォーマンスが指標を大きく下回る可能性を最小限にして、最大限の手数料を取ろうとする。

「**キャリアリスク**」「**相対パフォーマンス**」参照。

クワイエットピリオド【quiet period】（名詞）

IPO（新規公開株式）前の30日間で、この期間は企業が投資家に有益な情報の提供をしないことになっている。ちなみに、それ以外のすべての期間も、企業は有益な情報をほとんど提供していない。

経営陣【management】（名詞）

　企業を経営する人たち。たいていは自信過剰で、報酬をもらいすぎているが、自分は正当に評価されていないと感じている。

　企業にとって、経営陣は重要。ただ、ある研究によれば、最高の実績を上げたCEO（最高経営責任者）に、業績が最悪の企業を経営させても、改善するケースはわずか60％で、コイン投げを少し上回る程度でしかない。ウォーレン・バフェット曰く、「素晴らしい経営陣がダメな会社を経営すれば、結局残るのはダメな会社のほうです」。

　典型的な企業は、大きな損失が続けばCEOを交代させるが、その場合の後任者は当然、好調が続いている企業から招くことになる。ちなみに、これまで不調だった企業は、**平均への回帰**だけでも業績が上向き始め、それまで好調だった企業は同じ理由で調子が落ちていくかもしれない。このことは、新CEOが不調な企業を改善し、その人が去ったあとの企業はうまくいかないという二重の勘違いを生む。新しい企業の株主は、当然ながら、企業になくてはならないリーダーを雇ったという間違った結論に至り、それに見合う報酬を支払う。

　しかし、CEOが管理できること──マーケティングや製造、報酬などの判断──は、経営者が管理できないことに比べれば、ほんのわずかしかない。原材料の価格、金利やインフレの水準、ドルやその他の通貨の価値、技術革新の長足の進歩、消費者のその企業の製品に対する需要の波などといったことが経営陣が作成した計画を圧倒することになる。

　このような理由から、新任の素晴らしい経営陣が以前からある問題

を解決してくれるという投資家の賭けにはあまり勝ち目がない。

現在形【is】（動詞）

現在完了形のこと。

投資家やアナリストが「この株は上がる」と言うときは、「この株はすでに上がっている」という意味。これは事実であり、この株がその先どうなるかは推測の域を出ない。

検証する【backtest】（動詞・名詞）

「バックテストをする」参照。

倹約【thrift】（名詞）

稼いだ金額よりも少なく使うという廃れた慣行。かつては美徳と考えられていたが、今では常識を逸脱した不穏な行為とみなされている。

コア【core】(形容詞)

投資戦略において中心的かつ不可欠なもの――少なくとも現時点では。

コア・アンド・エクスプロア【core and explore】(形容詞・名詞)

またはコア・サテライト。理論的な欠陥はあっても、ファイナンシャルアドバイザーが儲かる投資戦略を表す専門用語。この戦略では、アメリカの大型株の**インデックスファンド**を中心に据え(コア)、それ以外は**アクティブ投資**を行う(エクスプロア)というもので、大型株以外の**資産クラス**にはアクティブ投資のほうが有効だという誤った前提に基づいている。アクティブ投資には無謀なリスクが常にあるため、この戦略はむしろ「コア・アンド・エクスプロード(爆発)」と呼ぶべき。

コア資産【core holding】(名詞)

プロのファンドマネジャーが1年を超えて(2～3カ月のずれを含む)保有している証券。ただ、パニックになればすぐに売る可能性もある。

ゴーエニホウェアファンド【go-anywhere fund】(名詞)

株やそれ以外のさまざまな資産に投資する投資信託で、考え得るすべて――に限らない――に損失の可能性がある。

「アンコンストレインド債券ファンド」参照。

口座【account】(名詞)

あなたが証券会社や投資顧問、銀行、それ以外の会社で保有している資金。収入、利益、損失、手数料などによっていつも突然、残高が変動する。資金を預かっている会社は、毎月、または毎四半期の**取引明細書**を使い、収入や利益に最大の関心を引こうとする一方、損失や手数料については最低限の表記にとどめ、隠蔽しようとすることすらある。

accountという言葉には、いくつかの意味がある。to accountは説明をすることで、特に行動を正当化するための弁明。to call to accountやbring to accountは、起こったことに対して管財人の責任を問うことで、特に有害な結果がもたらされたときなどに使われる。the final accountは、最後の審判の日に、神が正義について示す究極の解釈。

このなかで、「説明」は現代の金融用語である口座にその意味をとどめているが、そのほかの意味は好都合にも忘れ去られている。

「口座」は**顧客**の俗語としても使われている。

★「この紳士が私の最高の口座さ」と、カリフォルニア州ユリーカにある証券会社のブリッツ・バウム&ニューカムでウエルスマネジャーを務めるモー・ディネーロがパソコン画面を指さして言った。「彼はほかのだれよりも多く手数料を支払ってくれているんだ」

公正意見書【fairness opinion】(名詞)

投資銀行が検討中の案件について用意する詳細な分析で、依頼者の望む結論になっている。もし銀行が買い手候補のために公正意見書を用意するときは、買収価格は公正だと結論付けている。しかし、売り手候補向けならば、売却価格は公正だという結論になっている。

公正価格【fair-value pricing】(名詞)

当て推量のこと。

行動経済学【behavioral economics】(名詞)

人間がどのようにお金に関する判断を下すかを研究する学問。従来の「標準的な」経済学——すべての人が**エコノミスト**のように考えたら、どのようにお金に関する判断を下すかをエコノミストの観点から考えた学問——とは対照的。行動経済学は、経済学のなかでも、人が実際にどのように投資判断を下しているのかを研究している分野。

★「行動経済学などバカげている」と、シカゴ大学経済学部のマキシム・アイゼン教授は言う。「人はみんな合理的だ。自分が優先すべきことは分かっていて、金融判断を下すために必要な情報はすべて効率的に処理し、どのようなギャンブルでも、感情に左右されず、客観的な確率に基づいて期待値を計算している」。このとき彼の妻から電話がかかってきた。教授は「もしもし」と言ったあと、少し話を聞いてから叫んだ。「やった、宝くじに当たったんだって」

「株価下落」(カリアー＆アイブス、石版画、1849年ごろ、米国議会図書館)

「株価上昇」(カリアー＆アイブス、石版画、1849年ごろ、米国議会図書館)

高頻度トレード【high-frequency trading】(名詞)

ほかのトレーダーを100万分の1秒単位でかわして、何分の1セントかの単位で上回るために使うテクニック。株価を嗅ぎまわり、非公

開情報を使ってみんなよりも先にトレードすることは、ウォール街ができたころから行われていたが、その当時の不正トレードよりもはるかに高速。高頻度トレードが物議をかもすようになったのは、手動でみんなを出し抜くのではなく、高度なコンピューター技術を使うようになってからのこと。

1790年に、アレキサンダー・ハミルトンが出した連邦債務を再編策を提出すると、それを知った当時の高頻度トレーダーは高速船を雇ってニュースよりも速く立ち回り、まだ何も知らない人たちから割安で米国債を買った。

1835年ごろには、記者のダニエル・H・クレイグがカナダのノバスコシア州ハリファックスで汽船に乗り込み、船にあるヨーロッパの新聞の金融ニュースを素早く読み込んで、記事を書いていた。彼はそれを小さな紙に書いて伝書鳩の足にくくりつけ、ボストン港に近づいたところで放す。彼の事務所では、事務員がその記事を転写し、高頻度トレーダーに売っていた。価格は、一般の読者よりもどれだけ早いかで、1時間当たり最高500ドルになることもあった。

アメリカの株式市場に関する最も古い本は、1841年に書かれたフレデリック・ジャクソンの『ア・ウィーク・イン・ウォール・ストリート・バイ・ワン・フー・ノーズ』（A Week in Wall Street by One Who Knows）とされている。ここには、「イーブスドロッパー」（盗み聞きをする人）というあだ名の高速トレーダーが出てくる。彼は、証券取引所のドアのカギ穴に耳をつけて、「取引所のトレードが公表される前に、人量の株を売買していた」。南北戦争のときはNYSE（ニューヨーク証券取引所）の会員ではないブローカーが似たような特権を求めて、トレーディングフロアの様子を見張るために、すぐ隣のグッドウィン・ルームを多いときは1日100ドルの使用料を支払って借りていた。

1980年代と1990年代には、投資銀行が「アップステアズマーケット」、

つまり**機関投資家**のための大口トレードを行っていたが、投資銀行はそのときまず自ら同じ銘柄を売買し、その差額で利益を上げていると言われていた。しかし、このように「先回り」する行為が見つかったり、罰せられたりすることはほとんどなかった。

トレードを仲介する「スペシャリスト」「マーケットメーカー」などと呼ばれる人たちは、何十年にもわたってトレードのたびに少なくとも12.5セントの利益をかすめ取ってきた。しかし、今日の高頻度トレーダーの取り分は平均1セント以下と思われる。彼らの機器は1790年代のそれよりもはるかに高速になったが、なかにはかつての汚い手を電子的な手段に変えて実行しているだけの人もいる。

降伏【capitulation】（名詞）

下落する金融市場に見切りをつけてポジションを売却すること。自分よりも優れた敵に降伏する印として帽子（cap）を脱ぐ古代の習わしに由来する。マーケットが激しく下落しているとき、ウォール街の専門家は「降伏のサイン」、つまり大量の投げの波を待っていると言う。しかし、**ベア相場**の終了が分かるのは、終わりを告げる鐘が鳴るわけではなく、かすかなうめき声がだんだん人事不省に陥り、徐々に収まっていくだけ。ちなみに、**ブル相場**の始まりは、パニックに陥った投資家が降伏したときではなく、彼らが希望を失い、売ることすらできなくなるときである。

幸福の手紙【happiness letter】（名詞）

証券会社が決められた手順で顧客口座の定期的な検証を行い、リスクが高い、不適切、トレード過多（例えば、営業マンが強引に回転売買を繰り返している場合）などと判断した顧客に送る一見、無害な手紙。顧客が書面で不満を表明しないと、顧客は「幸福」とみなされる。もしのちに法的な争いになったとき、証券会社が「顧客には問題を指

摘して、取引をやめる選択肢があった」と主張すれば、証券会社に非がないことを立証するものとみなされることが多い。

効率的市場仮説【efficient market hypothesis】（名詞）
　金融エコノミストしか信じていない金融経済理論。理論上、市場価格はどの時点においてもその証券の価値の最適な推測値になっているという考え。市場は、合理的な投資家が直近の出来事に合わせて期待値を調整していくように、関連のある入手可能な情報を即座にすべて織り込むとしている。しかし、実際には新しい情報にどれほど関連性があっても、投資家はそれを無視したり、過剰反応したりする。ただ、そうであってもマーケットを簡単に上回ることができないのは、余計なコストや税金をかけずに何千万人という投資家よりも賢く行動しなければならないから。行動経済学者のメア・スタットマン曰く「マーケットはイカれたところかもしれないが、それでもあなたが精神科医になれるわけではない」

ゴールデンパラシュート【golden parachute】（名詞）
　金は非常に重いが、金のパラシュートは、本部の最高指揮官の地位から不名誉な降板をしたときでも、着用する人に快適な軟着陸を約束する。企業からゴールデンパラシュートで逃げ出すCEO（最高経営責任者）には、やっと出ていくことへの感謝のしるしとして取締役会から何億ドルもの報酬が支払われるが、その資金は取締役ではなく、株主が負担している。

コール【call】（形容詞・名詞・動詞）
　ウォール街のいくつかの慣行を指す言葉で、理解しないで使うと、いずれ自らをバカ者と呼ぶ（コールする）ことになる。①コールローンは、証券会社が**証拠金**を預かって顧客にトレード資金を提供するこ

とで、証券会社はいつでも返済を求められる、つまり「コール」することができる。②コールオークション（板寄せ方式）は、**証券取引所**で特定の証券のすべての買い気配値（ビッド）と売り気配値（オファー）を、多くが約定するまで集めて処理すること。③コール**オプション**は、特定の証券を特定の価格で特定の日以前に買う権利を与える契約。④債券のコール条項は、発行体である会社や政府が満期日前に任意に償還できる権利で、投資家にとって考え得るかぎり最悪のタイミングで行使されることが多い。

顧客【clients】（名詞）

　ウォール街では、マペット（繰り人形）、追従者、まぬけ、カモ、餌食、標的、被害者（またはvictimを短くしてビックス）、子アシカ、羊、グッピー、とんま、ハトなどと呼ばれている。例えば、ウォール街には、「カモが騒いだら餌を与えろ」（分析するよりも顧客が欲しがるもの［流行もの］を売れ）という格言がある。

　2012年の告発本『訣別──ゴールドマン・サックス』（講談社）には多くの投資家が激怒したが、ゴールドマン・サックスの一部の社員が顧客を「マペット」（子供向けのテレビ番組に登場する繰り人形）に例えていたのは、歴史的に見ても言い得て妙だった。ダニエル・デフォーも、1719年に発表したパンフレット「取引所の分析」のなかで、典型的な投資家を「ガッジョン」（簡単に捕まえられるので釣りの餌用に使われる小魚）、つまり魚と同じくらいバカな人、「淘汰される人」、だまされやすい人などと呼んでいる。

　ブローカーや投資銀行は、昔から捕食者と呼ばれている（自ら認めている場合も多い）。デフォーは、1712年にロンドンで発表した「南海貿易に関する試論」のなかで、株式ブローカーを「人食い業者……共食い動物」と呼んでいる。エッセイストのリチャード・スティールは、タットラー誌（1710年5月25日）のなかで「トレーダー」の同義

語として「肉食獣」という言葉を使っている。株式ブローカーやファイナンシャルアドバイザーと彼らの顧客の関係は、「顧客」（語源はラテン語の追従者）と言える程度には改善したが、公平、同等と言うにはほど遠い。

顧客のヨット【customer's yachts】（名詞）

　もしファイナンシャルアドバイザーが少しでも有益な助言をしていれば、投資家が得られたかもしれない利益で買うつもりだった豪華ヨット。

　フレッド・シュエッド・ジュニアの名著『投資家のヨットはどこにある？』（パンローリング）という言葉は、言い換えれば「なぜ、あなたは金持ちなのに、顧客は違うのか」ということ。元は、ウイットに富んだ空売り筋のウィリアム・トラバースが言った皮肉。この話については、1888年にウォール街の銀行家だったヘンリー・クルーズが詳細に書いており、そこにはトラバースがひどい吃音に苦しんでいたと書かれている。

> ロードアイランド州ニューポートのヨットマンたちが、名高いトラバースが彼のヨットのデッキに現れたことを知ると、委員会は彼に敬意を表すことにした。委員会の面々がヨットに近づくと、トラバースは自分のヨットに招き入れたが、一目でそのほとんどが銀行家かブローカーであることに気づいた。彼は、きらきらと輝く水面を見渡し、白いウイングの美しいヨットがどれもウォール街の有名ブローカーのものであることを聞くと、深く考えこんだ。そして、ヨットを凝視したまま、最後に身なりの良い訪問者たちに聞いた。「こ、こ、顧客のヨットはど、ど、どこにあるのですか」

個人FXトレード【retail forex trading】（名詞）

　FX取引について何も知らない個人が、ブローカーのウェブサイト

や、まるでビデオゲームのようなトレードソフトにあおられて行う通貨の高速売買。ビデオゲームの狙いはあなたのお金をできるだけ速く奪うことだが、プレーヤーはゲームが終わるまでそのことに気づかない。

個人投資家【individual investor】（名詞）
　賢い助言がなければ、小さなポートフォリオ（たいていは100万ドル以下）をダメにしてしまう可能性が高い人。
「機関投資家」「一般投資家」参照。

国庫【treasury】（名詞）
　古代や中世に、金や貴重な宝石や貨幣などの財宝を保管していた倉庫。現代では、金や貨幣を浪費したり無駄にしたりする政府の部門。

コンサルタント【consultant】（名詞）
　資金運用業界で、顧客に流行が終わりかけた投資戦略を、高い手数料を取って勧める専門家。投資に必要な資金は、人気のない戦略（これからはやる）に投じている資金を回収して賄うよう助言する。顧客がいつもこのような助言に進んで賛同するのは、ひどい結果を自分以外のせいにできるから。

コンセンサス【consensus】（名詞）
　ある企業の次の四半期に1株当たり利益が何セントになるかを、ウォール街のアナリストが予想した平均値。平均推定値（mean estimate）と呼ばれているのは、これが意地悪な（mean）数字だからではなく、統計的な平均値（mean）だから。ちなみに、平均推定値が1セント単位まで正確だと思っている人は、いずれ意地悪なジョークのネタにされる。

「米国財務証券。『われらは神を信じる』──しかし払うのは悪魔だ」
（トーマス・ナスト、グーグルイメージ）

コントラリアン【contrarian】（名詞）

　一匹オオカミのふりをした羊。

　コントラリアンになるためには、みんなが売っているときに買い、みんなが買っているときには売らなければならないが、これは簡単なように見えても、実際には超人的な精神力の強さが必要。もしマネー

マネジャーが顧客が望む多くの人をとりこにしている銘柄を追いかけずに、独自の考えを貫いたら、顧客を失うことになる。

実際、マーケットが暴落すると、自称逆張り派は大勢順応派に豹変する。モンティ・パイソンの映画「ライフ・オブ・ブライアン」のなかで、ブライアンを救世主と勘違いしている群衆が「私たちはみんな独立した人間なんだ」と叫んでいるのと同様、コントラリアンを名乗っているプロの投資家も、ほとんどがそうではない。

「キャリアリスク」「群れ」参照。

コントロール幻想【illusion of control】（名詞）

迷信的な儀式によって、自分ひとりで宇宙を支配するランダム性に対抗できると考えること。ギャンブラーは高い数字を出したいときに、サイコロに息を吹きかけ、長めに振り、強く投げる。宝くじを買う人は、自分の「ラッキーナンバー」があるときだけ買い、投資家は自分が選んだ株やファンドのほうが他人が選んだものよりも高いリターンを上げると期待する。連続して負けているトレーダーは、前に儲かったときに着ていたスーツとネクタイを身に付け、いつもよりも頻繁に価格をチェックし、休暇を延期し、赤いペンは使わないようにする。リーマン・ブラザーズの前社長だったハーバート・マクデード3世も、マーケットが上げている間は必ず同じ場所に駐車していた。しかし、それでも2008年にリーマンが行き詰まり、破産申請に至るのを阻止することはできなかった。

コンプライアンス【compliance】（名詞）

金融機関が、法律を順守するよう社員に義務付けながら、法の精神を侵害することに関しては関知しない一連の手順。ウォール街ではコンプライアンス部門での採用がブームになっている。法の精神は、良心的な部門では重視されているが、そのような部門は慢性的に人員が

不足している。ウォーレン・バフェットも「最近、ウォール街で正しい道を行こうとする人が渋滞に遭うことはありません」と言っている。

債券【bond】（名詞）

　借り手が負債を**利息**とともに支払うことを約束した契約。ただし、投資先を十分監視していないと、結局、返済が受けられないこともある。由来はおそらくチュートン語で誓約を意味するbond。現代の「私の言葉が証文（つまり債券）」という言い回しは、1500年ごろのランスロットの伝説に出てくる「王の言葉が王の証文」から来ている。この強い義務感が転じて、債券は負債返済の証文を意味するようになった。シェークスピアの『ベニスの商人』(1596年ごろ)では、シャイロックが、「一緒に公証人のところに行き、1枚の文証に判をついてくれるならば」3000ダカットを3ヵ月間貸すことを承諾した。この言葉は、劇中、少なくとも40回は出てくる。そのひとつが、アントニオが宣誓する場面のセリフ。

　　2ヵ月以内、つまり証文が切れる1ヵ月も前に
　　証文の9倍の価値がある品々が
　　戻って来ることになっているのだから

　このとき、アントニオが言っているのは金銭的な利益ではないが、この言葉からも、証文（債券）が昔から非現実的な期待と関連していることは明らか。

債権者【creditor】（名詞）

　語源はラテン語の「信じる人」。お金を貸して全額が返済されると信じている人。その信念は実現する——たいていは。

債権者委員会【creditors' committee】(名詞)

　お金を貸してもリスクがなく、返済してくれると信じていたのに、今は破産裁判所で少しでも取り返そうと交渉している人たち。

サプライズ【surprise】(名詞)

　期待と現実が突然一致しなくなること。金融市場ではよくあること。

時間【time】(名詞)

マーケットのノボカイン(局部麻酔薬)。

十分に時間がたてば——たいていは最低でも3～5年——、マーケットの**クラッシュ**によって投資家が被った痛みは必ず小さくなる。そして、完全になくなると、次の痛みのサイクルが始まる。

仕組み案件【structured products】(名詞)

売る会社が儲かるように作られた投資**商品**。それを買う顧客には理解し難い。

★「これ以上単純な仕組みはありません」と言うのは、ロンドンにある世界的な投資銀行のフック・ライオン&シンガーで法人営業部長を務めるモンティ・バンク。「利回りは、USドル換算のスウェーデン・クローナと、直近発行の20年物ブラジル国債の修正デュレーションの平方根との差の逆相関になるよう設計されています。もし、マイナスになっても、お客様は、LIBORにアップル株の利回りをπで割った値を足したレートを受け取ることができます。だからこそ、この案件をEZ-PIEs(朝飯前)と名付けたのです」

シケモク【cigar butt】(名詞)

非常に安い価格で買った株。そのため、業績が低迷して利益を生んでいなくても、値上がりが期待できる。

ウォーレン・バフェット曰く、「十分に安い価格で株を買えば、長

期的な見通しはひどくても、たまに事業がほんの一時好転したときに売れば、ある程度の利益が見込めます。……道端で拾ったシケモクは何回も吸えなくても、あと一吸いはできるように、株も『割安』で買えば一吸い分の利益は得られます」。

金融市場のシケモク株は、喫煙反対運動によって道端のシケモクが減った以上に見つけにくくなっている。しかも、それで**ポートフォリオ**を構成するならば、相当たくさんのシケモクが必要だ。

自己奉仕バイアス【self-serving bias】（名詞）

成功は自分の行動によるもの、失敗は他人や制御不能な外部要因によるものと考える傾向。「成功にはたくさんの父がいるが、失敗は孤児である」という古い格言があるが、企業幹部やマネーマネジャーはこれを「失敗にはたくさんの父がいるが、成功はひとりしかいない。つまり、私だ」と書き換えてきた。

彼らの**年次報告書**は、結果が良いときは彼らの素晴らしい才能によるもの、悪いときは政治や戦争や天候など、外部要因によるものだと書いてある。

ポートフォリオのリターンが高いと、ファンドマネジャーは、自分が合理的かつ巧みに優れた投資先を選択した結果だとみなす。ほかの投資家の行動や全体の状況や運は、まったく関係がないというのだ。

しかし、ポートフォリオのリターンが低いと、マネジャーは運が悪かった、前例のない出来事、難しい状況、自分が選んだ素晴らしい投資の価値が分からない理不尽な顧客の信じがたい行動などのせいにする。

2000年初めに、ファーストハンド・テクノロジー・ファンドでポートフォリオマネジャーを務めていたケビン・ランディスは、6カ月間で26％の利益を上げたあとの報告書に次のように書いた。「……今期をリーダーボードのトップ近くで終えることができました。私たちも、

タイガー・ウッズのように、プレーに集中しました。この成功をもたらしたのは、リサーチ中心という規律を守ってきたこと、アナリストの才能と経験、そしてここシリコンバレーにおけるさまざまな専門家たちとの連携です」

しかし、その2年後、中心的なファンドが6カ月間で42%以上下げたあとのランディスの報告書は、非常に簡潔だった。「……経済データが好転しても、まだハイテクセクターの投資家の自信が回復するには至らなかったようです」

投資の規律、才能と経験、シリコンバレーの専門家はどこへ行ったのだろうか。

資産獲得【asset gathering】（名詞）

ブローカーやファイナンシャルアドバイザー、ポートフォリオマネジャーが、だれも聞いていないときに自分の仕事として語ること。普通の言葉で言えば、「少ない労力でより多くの手数料を稼ぐために、できるだけたくさんの顧客の資金をかき集めること」。

資産クラス（アセットクラス）【asset class】（名詞）

ほかの投資先とは相関が低いリスクとリワードを提供する投資先。例えば、債券は株価が安いときに好調な傾向があり、逆も同じ。また、商品価格は、株や債券とは反対方向に向かう傾向がある。

資産クラスのなかには、保有する価値がないものや、異なる資産クラスとは言い難いものもある（「ヘッジファンド」参照）。もし「新しい」、あるいは「代替」の資産クラスへの投資に、株や債券といった従来のクラスよりも高い費用がかかる場合は、価値が持続しない可能性が高い。

資産配分（アセットアロケーション）【asset allocation】（名詞）

どの**資産クラス**にどれだけの資金を割り振るかを選ぶ芸で、科学的手法とされている。**相関性**の低い資産を選ぶと、リスクとリターンが分散される傾向があるため、知的な資産配分をすれば、上昇や下落のタイミングや割合が異なる資産を保有することになる。そのため、ある資産が今は下落していても、それ以外の資産が下落したときにはそれが上昇する可能性があるため、その資産を喜んで保有すべきである。

投資家のパフォーマンスの違いを生む大きな要因は資産配分にあり、その影響力はほかの要素（どの証券を買うか、いつ売買するか）とは比べ物にならない。ただ、多くのファイナンシャルアドバイザーは、計算や理論ではなく、ヤマ勘や最近の流行に基づいて資産配分を推奨している。

貴金属の価格が20年間下げ続けていた1999年に、金に資金を配分することを勧めたアドバイザーはほとんどいなかった。しかし、5年間で金の価格が3倍になった2011年には、多くのアドバイザーは顧客に最低でも資産の10％を金に配分するように推奨し、その直後に金は暴落した。

同様に、1986年には証券アナリスト協会で行われた発表でも、資産が10万ドル程度の「保守的な投資家」には、リミテッド・パートナーシップに資産の最大15％までを投資するよう勧めていた。これは、**バックフィルバイアス**や**生存者バイアス**によって、不動産パートナーシップのそれまでの15年間のリターンが株の2倍に相当する年平均13.2％だったというデータに基づいている。しかし、その次の10年間で、ほとんどのリミテッド・パートナーシップは消滅した。

資産配分を勧められたときは、そのうちのどれが過去のリターンが最も低い資産クラスかを聞くとよい。もし低いものがなければ、それは資産配分ではなく、流行を追うよう勧められているだけで、しかも流行が終わる直前である可能性が高い。

し

支持線【support】（名詞）

　テクニカル分析で、現在の価格が過去の安値に向かっているパターン。すべての資産価格は必ず急激かつ頻繁に下落することがあるのに、テクニカルアナリストはなぜか「抵抗線」に近づくと、価格が下落を続ける可能性は低くなるとしている——少なくとも短期的には。もしそうならなければ、その間にテクニカルアナリストは支持線を設定し直す（「**抵抗線**」「**底**」参照）。

　アナリストは、人気の金融専門チャンネルCBUXでこの言葉を下のように使っている。

　★「金価格の支持線は1600ドル近辺だと考えています」と語るのは、ニュージャージー州ナトリーにある証券会社のロールシャッハ・ゴミー＆リゲルワースでテクニカルアナリストを務めるエリン・オフェン——2013年2月18日、金価格は1610.75ドル。

　「金の支持線は、心理的に重要な1500ドルになる」と語るオフェン氏——2013年4月7日、金価格は1575.00ドル。

　「今週、金は1400ドルを下抜けたが、これは一時的なことで、支持線はいまだ有効と考える」と、オフェン氏——2013年4月14日、金価格1395.00ドル。

　「当社の指標は、1300ドルに強力な支持線があることを示している」とオフェン氏——2013年6月17日、金価格1366.75ドル。

　「歴史的に見て、金相場の1200ドルは、これまでで最強の支持線水準のひとつ」とオフェン氏——2014年9月28日、金価格1219.50ドル。

　賢い投資家ならば、金融資産の真の支持線はゼロしかないと分かっている。

自社株買い【buyback】（名詞）

　企業が発行した発行済株式の一部を買うこと。自社の株価が高すぎるときには熱心に行われ、安値に近いときは行われない。「高く買って安く売る」のは愚かな個人投資家だけだと思っている人は、企業が資本をどのように配分しているのかを分かっていない。

自社株買い【share repurchase】（名詞）

　「自社株買い【buyback】」参照。

自信過剰【overconfidence】（名詞）

　証拠はなくとも、自分はほかの人たちよりもよく知っている、またはうまくできるという信念。ほとんどの投資家やほぼすべての素人トレーダーに顕著に見える性格。自信過剰とは、自分が知らないということを知らないこと。金融市場では、自信過剰を克服することが不可欠だが、それは極めて高くつく。

「己を賢いと思うな」（カリアー＆アイブス、石版画、1872年ごろ、米国議会図書館）

自制【self-control】（名詞）

　投資家として成功するための秘訣。あなたのなかには、天使も悪魔も学者も愚か者も潜んでいる。もし天使と学者がすきを見せれば、悪魔と愚か者が大惨事を引き起こし、それを回復するには何年もかかる。自分の行動を制御し、マーケットを支配できるなどという無益な努力をやめた投資家だけが最後には勝つ。

執行【execution】（名詞）

極刑に処して囚人を死に至らせる行為。金融では、証券会社が顧客の注文を受けて証券を売買すること。同じ言葉でも、2つの用法は、まったく関連がない——と証券業界は言っている。

実質【real】（形容詞）

インフレが徐々にお金の購買力を奪うことによる損害を調整する数字。「実質」という言葉は、資産価値が徐々に上がったとしても、その大部分はインフレによってもたらされた幻想にすぎないということを思い出させてくれる。

指標（インデックス）【index】（名詞）

ラテン語の「人さし指」が語源。株式市場や債券市場やその他の資産の運用の目安で、この目安にパフォーマンスが達しないプロの投資家は、顧客に指で指されて非難される。

さらに、指標という言葉には、サインや指針という意味もある。indicate（示す）という言葉も語源は同じ。主要な金融指標のなかで最も古いのは、1884年にできたダウ11種平均株価（のちのダウ平均株価）や、1923年のスタンダード・スタティスティックス・カンパニー・コンポーサイト（のちのS&P500）など。

指標銘柄【bellwether】（名詞）

同じ業界の会社の方向性を決める銘柄。語源は14世紀に、羊の群れを先導するために首に鈴を付けた羊から来ている。羊が先導役についていくように、アナリストや投資家も、指標銘柄の**アーニングサプライズ**を聞くと、それに合わせて意見がコロコロ変わる。

し

私募リート【private REIT】（名詞）

「非取引リート」参照。

資本【capital】（名詞）

　個人や会社や国の富。語源はラテン語で「頭」を意味するcaput。逆説的ではあるが、頭は多くの投資家が資本を蓄えようとするときに最も使わない部位。

　つまり、資本主義はもともとは頭を使う技術。その一方で、これはかつて富が家畜であったことを思い起こさせる言葉でもある。多くの文化において、家畜は最も安全に価値を蓄える方法だった。牛、羊、ヤギは、ただの草を、肉と乳という形に変えて、たんぱく質を安定的に供給してくれるからだ。これは資本に適切に手をかければ、安定的に投資利益を生み出してくれることと似ている。資本が富のことを指すようになったのは、産業革命以前の社会では一家の繁栄を、所有する家畜の数（「牛の頭数」）で測っていたからかもしれない。当時は、家畜の頭数が多い家ほど、資本が多いと考えられていた。

　古代の中東では、今日の世界の農村地域と同様、家畜は繁栄を測るための最も有力な方法だった。旧約聖書の創世記には、カインが神に「土からの収穫物」を捧げたが、神はそれよりもアベルの「羊の初子」のほうを受け取ったとある。創世記13章2節には、アブラハムについて、まず「家畜と銀と金を豊富に持っている」と紹介している。

　私たちは、資本をある程度永続的なものと考えがちだが、語源を念頭に置いておくほうがよいのかもしれない。由来となった家畜と同様、資本も注意深く世話をしなければ、迷子になったり、暴れたり、死んでしまったりするのである。

資本構成【capital structure】（名詞）

「スタック」参照。

謝罪【apology】（名詞）

　現実の世界では、他人に害を及ぼした行動についてその過失と責任を認めたうえで、たいていはその過ちを改め、再び犯さないと誓うこと。ウォール街では、過ちを犯したのはほかの第三者であり、被害は銀行にとって不可抗力だった、と宣言すること。ウォール街の謝罪は、必ず責任をとることを意味しているが、そのなかに、悔恨の念、恥じる気持ち、悪かったところを正したいという願い、同じ間違いをけっして繰り返さないという意志などは含まれていないことが多い。

　★今日、議会の聴聞会で証言した投資銀行ベロウ・ブレア・ハウェル・イカル＆コウフンのマニュエル・B・シャクトCEO（最高経営責任者）は、中央アフリカ共和国の海岸沿いの不動産担保証券で被った7940億ドルの損失について謝罪した。「この責任はすべて私にあります。会社としても、投資家や納税者が被った迷惑については遺憾に思います」
　彼は続けてこう述べた。「ただ、最大の苦しみを味わっているのは、将来のボーナスをあきらめ、当社に不当に着せられた汚名に耐えて職を探さなければならない当社の社員です。当局や国民のみなさまにはぜひそのことをご理解いただきたい。間違いは起こりましたが、これは当社にとって不可抗力で生じた損失なのです」

シャドーバンキング（影の銀行）【shadow banking】（名詞）

　金融当局が直接監督していない会社（**ヘッジファンド、金融会社、事業開発会社**など）による**信用**の供給。「影」と呼ばれるのは、2008～2009年の金融危機や、1998年のアジア危機、1980年代後半のS&L（貯蓄貸付組合）危機、1982年の南米の債務危機などを予見し、阻止しようとした**当局**の目の届かないところで活動しているから。

ジャンクボンド【junk bonds】（名詞）

格付けが投資適格よりも低い債券。今日では、より分かりにくいハイイールド債という名前で呼ばれることが多い。高い利益が必ずしも高いリスクを伴うわけではない、というゴミのような契約書しかないのに、多くの人が買っている。

宗教株【religion stock】（名詞）

別名「ワン・ディシジョン株」、つまり買って永遠に保有すればよいほど素晴らしい、と信じられている株。しかし、永遠に素晴らしい株はほとんどないため、マーケットには信仰を失った人があふれている。

「ニフティフィフティ」参照。

集中、集中ファンド【concentration、concentrated fund】（名詞）

「ベストアイデアファンド」参照。

10塁打（テン・バガー）【ten-bagger】（名詞）

最低でも10倍に値上がりする投資。1977～1990年にかけてフィデリティ・マゼラン・ファンドを運用していたピーター・リンチによって広まった言葉。リンチは、野球で2塁打をトゥー・バガー、3塁打をスリー・バガー、ホームランをフォー・バガーというところからこの言葉を考案した。彼は、10塁打を何回も記録した輝かしい経歴を持つ。そして、打てなくなる前に賢く引退した。

受託者責任【fiduciary duty】（名詞）

ファイナンシャルアドバイザーは、少なくとも自分よりも依頼者にとって有利な助言を行う義務があるということ。このあまりにも急進的な考えに対抗すべく、ウォール街はあらゆる武器を使って戦いを挑

んでいる。もしブローカーが受託者責任を負えば、高い手数料を取って、顧客の利益よりも自分たちのそれを優先することができなくなる。証券業界によれば、投資家が自分で好きに投資判断をすることになれば、投資家の資産は減ることになる、らしい。もしこれを聞いてまったく疑問を感じなければ、あなたは注意力が足りない。

出資金詐欺（ポンジースキーム）【ponzi scheme】（名詞）

投資詐欺。ただ、「うますぎる話は、おそらく怪しい」という警告は間違っている。正しくは、「うますぎる話は、絶対に怪しい」。1920年にチャールズ・ポンジ（1882〜1949年）が投資家の資金を90日で2倍にすると言って資金を集めた。しかし、実際にはピーターのお金をポールに回すといった具合に、直近の出資者の資金を最初の出資者につぎ込んでいただけだった。彼の模倣者は何千人といて、今後も出てくるだろう。また、魔法のような方法で自分を金持ちにしてくれる親切な人がいる、と信じてしまう人たちも尽きることがない。

循環的な【cyclical】（形容詞）

一時的なこと（あるいはそう信じられているだけかもしれない）。例えば、「これは循環的なブル相場」「この利上げは循環的なもの」などと使う。

景気循環株は、製品やサービスの売り上げが変動する会社の株で、これらの会社は不況だと売り上げが落ち、経済が回復し始めると売り上げが伸びる。業績が循環的だと見られている会社は、ホテル運営会社、自動車メーカー、建設機器メーカーなど。

投資家が、トレンドや状況が循環的でなくなり、**長期的**、もしくは永続的だと思い始めたら危険な兆候かもしれない。そのときは、**平均への回帰**で反転する可能性が高い。金融ライターのジェームス・グラントによれば、「マーケットではすべてが循環的だ。マーケットは循

環的でないという考えですら循環的だ」。

償還する【redeem】（動詞）・償還【redemption】（名詞）

オクスフォード英語辞典によると、redemptionの語源はラテン語で「買い戻す」を意味するredimere。つまり、「罪やその結果から解放される」「囚人、捕虜、奴隷などをお金と引き換えに解放すること。身代金」。

金融の世界では、投資信託の償還は、それを買った会社に売って現金を受け取ること。投資信託を売ることに、救出や救済を表すのと同じ言葉が使われている理由は、あなたの想像に任せよう。

償却する【amortize】（動詞）

負債を定期的に清算したり除外したりすること。または、費用を一定期間に配分すること。語源はラテン語で「死んだ」を意味するmortuus。償却とは文字どおり殺すこと。時間がお金に与える影響を説明されると、脳細胞でさえ償却されることがある。

★「そうですね。5.75％というのは前払いの手数料としては高く見えるかもしれません」と、シカゴにある証券会社のストーナム・ブラック＆ブルーで投資顧問を務めるハナ・ドーバーは言った。「でも、それを次の25年間で償却すれば、年率わずか0.23％です。次の四半世紀、私の助言が受けられると考えれば非常にお得ですよ」

証券【security】（名詞）

株や債券や、そのほかの売買可能なリスクのある資産の金融上の権利。語源はラテン語で「安全」を意味するsecuritas。

英語におけるsecurityは、15世紀には、正しい行いや義務を果たすことを保証するために担保として差し出した財産を意味していた。今

日でも、告訴された犯罪者は、保釈金を差し入れなければ保釈保証書を手に入れることができない。そして17世紀になると、この言葉は債務者が返済を約束する書類（本来は債券）を意味するようになった。そのあとは、株やそれ以外の手形を意味するようになっていった。

しかし、投資の証券は、正しい行いを約束するものではないし、所有者はその最たるもの。

証券化する【securitize】（動詞）

何百、何千もの資産をまとめて1つの証券にすること。実質的にリスクを発行者（リスクを理解し、手放したい人）から、買い手（リスクを理解しているつもりで、所有したいという間違った考えを持っている人）に移すこと。

2002年に、有力な国際金融の専門家が講演で、証券化は「この数十年、国内外でリスクの分散化に大きく貢献しました」と語った。そして、こう付け加えた。「これは、資産のリスクを幅広い投資家の好みに合わせて提供してきた市場です」

しかし、2010年になると、この分野の第一人者が厳しい証言を行った。証券化、特にサブプライムローンについては「現在の危機の直接的な引き金になった」というのだ。

この正反対の見解を示したのは、実は同じ人物──FRB（連邦準備制度理事会）を1987年から2006年まで率いてきたアラン・グリーンスパン議長──である。彼自身も、2008～2009年の金融危機が起こるまで、証券化が効果的にリスクを移すことができるのは、当事者すべてが自分のしていることを理解している場合においてのみだということを理解していなかったようだ。ただ、この前提はあり得ないことではないが、それはほぼ不可能に近い。

「ニューヨーク証券取引所のフロアトレーダーたち」(トーマス・J・オハロラン、写真、1963年、米国議会図書館)

証券取引所【stock exchange】(名詞)

最高値を入札した人に株価情報を売る仕事をしている組織。欲望と恐れを互いにトレードし合うところでもある。

「取引所」「株式市場」参照。

称号【designation】(名詞)

ファイナンシャルアドバイザーが何かを学んだことを裏付ける証書と肩書。なかには、CFA(認定証券アナリスト)のように何年も勉強を重ね、大学レベルの数学や統計学を学ばなければならない厳しい資格もある。CFP(認定ファイナンシャルプランナー)などもかなりの準備と知識が必要になる。しかし、それ以外は、何百ドルかの小切手を送り、コッカースパニエルでも受かるような試験を受けるだけでよいものが多い。

★資産運用会社のバイ・シュン・フー&ホーでファイナンシャルアドバイザーを務めるジョエル・B・プアのデスクのうしろの壁には額に入った証明書が飾ってあり、彼がCBFDの称号を得るための厳しいカリキュラムを修了したことを示している。ち

なみに、CBFDの正式名称は、よく見なければ分からないほど小さな字で書いてあるとおり、「認定金融称号所持者（Certified Bearer of Financial Designations）」である。

　ファイナンシャルアドバイザーが自分の称号を自慢したときは、それが大学院の学位ではないということを思い出してほしい。称号は、マッチ箱に書いてある広告程度のものでしかない。それよりも、本当に優れた業績や経験や専門性を持つ人が、意味不明の略語の肩書を誇示しなければならない理由を考えてみてほしい。

条項【covenant】（名詞）

　契約の詳細。宗教儀式の割礼のように、借り手の権利を制限し、債券発行の条件を支配する（「**債券**」「**歯形捺印証書**」参照）。

　1385年ごろにジェフリー・チョーサーが『ザ・レジェンド・オブ・グッド・ウーマン』（The Legend of Good Woman）を書いたころには、covenantは名誉を表す言葉としてすでに使われていた――「私は自分自身の名誉をかける」。しかし、この言葉はすぐにもっと狭い意味で使われるようになり、それが今日でも使われている金融契約書に列挙された具体的な約束のことである。シェークスピアの『シンベリン』（1610年）のなかで、ポステュマス・リーオネータスは賭けの担保としてダイヤモンドの指輪を差し出して言った。「われらの間に条項あれ」

　また、『ベニスの商人』では、シャイロックがアントニオに、もし3カ月後に3000ダカットを返済できなければ、「胸の肉1ポンド」を切り取ることができるという条件を出す。すべての言葉にさまざまな意味を込めるシェークスピアなので、おそらく1ポンドの肉というのは、神とアブラハムの間で交わされた契約にある「あなたがたは前の皮に割礼を受けなければならない」をイメージしているのだろう。

　借り手と貸し手のような関係にある人たちは、「条項」の語源が聖

書に記されている人と神の名誉のきずなを表す儀式だということを、覚えておくほうがよいだろう。

証拠金【margin】（名詞）
「マージン」参照。

上場投資信託【exchange-traded fund】（名詞）
「ETF」参照。

上場抹消する【go dark】（動詞）
かつては会社の健全性を示していた財務諸表をSEC（証券取引委員会）に提出しなくなること。また、取引所への上場を廃止すること。つまり、投資家はそれまでとは違い、その会社の業績を推測するしかなくなる。

商品（コモディティ）【commodities】（名詞）
引き出したり、穴をあけたり、育てたり、溶かしたり、たたいたり、伸ばしたり、燃やしたり、沸騰させたり、焼いたり、ついたり、炒めたり、食べたりできる資産。または、これらに投資しているつもりでいる人たち。

商品は、少なくとも15世紀には、ある程度有利なもの、または別の形に変えれば役に立つ物質を意味していた。語源はラテン語のcom（合わせて）とmodus（測る）。19世紀初めまで、この言葉は欲の同義語として使われていた。ほとんどの辞書はこれを古体としているが、金融市場では今でも使われている。

商品は、約4000年前からトレードされており、古代メソポタミア時代に書かれたハムラビ法典は、先物市場の規制に多くの部分を割いている。バビロニアの司祭は、占星術やオカルトシンボル（神秘的なも

のの象徴、このなかには、生贄の動物の肝臓やそのほかの内臓から読み取れるとされる「パターン」も含まれていた）を使って、大麦や銀、そのほかの商品の先物市場の価格を予想していた（「**バル**」参照）。

「**アムステルダムでの商品の売買**」
（ボエティウス・ボルスヴェルト、銅版画、1609年、アムステルダム国立美術館）

すでに紀元前1700年には、商品の多くが先物——特定の量の製品を合意した価格で将来の特定の日に受け渡す売買——で売買されていた。古代の投機家もおそらく、今日と同様、資金を借りてこのような売買をしていたのだろう。

商品先物トレードの損益をもたらす要因は主に3つある。一つ目は市場価格（「スポット」）の変動。二つ目は「ロールオーバーによるリターン」で、もし期近の先物を、2番限の先物よりも高く売ることができれば、ロールオーバーのリターンはプラスになる。そして最後は、先物取引のために差し入れる証拠金の金利。

ロールオーバーのリターンは歴史的に商品トレードの長期パフォーマンスの約半分を担ってきたが、最近では投機筋による先物価格の歪みによって、その割合は減っている。また、証拠金がもたらすリターンも、平均金利が5％を超えていたころは大きな収入源になっていたが、2008〜2009年の金融危機以降は中央銀行の利下げによって、金利が0％に向かうなかでこちらも減少している。

つまり、商品トレードに飛びついた未熟なトレーダーの多くは、すでに消滅したリターン源を追い求めていることになる。

商品のキャッシュフローは、債券や株や不動産と違って予想ができない。価値が、他人がいくらで買うかに完全に依存しているということは、マーケットの気まぐれに左右される危険性が債券や株や不動産よりも高いということになる。商品投資をあまり理解していない人に

売りつけようとする連中が、これを「代替投資」(代替 = alternative には「社会の基準によらない」という意味もある) と呼ぶのもうなずける。

商品（プロダクト）【product】（名詞）

投資という言葉に付けて「最近出たばかりの投資商品」などと言うと、複雑に見えたり、洗練されているかのような幻想を抱かせたりすることができる言葉。「ワイン飲料」(wine product) がワインに水や砂糖、フルーツジュースなどを混ぜて作られ、「チーズ製品」(cheese product) にはチーズにリン酸カルシウムやアルギン酸ナトリウムやアポカロチナールなどが添加されているように、「投資商品」には、高い追加リスクや、不審な構造、高い手数料などが含まれていることが多く、それが不注意な投資家を驚かせることになる。

★「この商品は、下方リスクを抑えつつ、株式市場が好調なときは上昇の可能性を十分生かせるよう設計されています」と、証券会社のブッチャー・クック・ボイル・フライ＆ベーカーでファイナンシャルアドバイザーを務めるワイアット・ハーツは言った。「しかも、革新的な手数料体系のおかげで、弊社とお客様の利害は今後もずっと一致しています」

「仕組み案件」参照。

ショート（売り持ち、空売り）【short】（名詞・動詞）

名詞形には、shorting、short sale（空売り）、short-seller（空売り筋）もある。空売りは、今後の値下がりを期待して、株やそのほかの**証券**を借りてきて、それを売ること。そうすれば、同じものをより安く買って貸し手に返すことができ、売値とそのあとの買値の差額が利益になる。しかし、もし価格が下げるのではなく、上がれば損失になる。空売りを損切りするときは、**カバー（買い戻し）**をしなければならな

い。

　もしポジションが**ロング（買い持ち）**ならば、**マージントレード**（信用取引）でないかぎり損失が100％を超えることはない。しかし、ショート（空売り）ならば、損失は無限大になる可能性がある。資産価格が永遠に上がり続けるかもしれないからだ。

　株価を操作したダニエル・ドリューの発言とされるフレーズが、空売りのリスクを適切に表している。

　　自分のものではないものを売ったのだ。

　　買い戻さなければ刑務所行きだ。

　空売りは、最初から人気がなかった。投資家は当然、自分の所有物に思ったほどの価値がないと言われるのを嫌う。オランダでは、17世紀に当局が数回、空売りを禁止しようとした。ダニエル・デフォーは、1721年に書いたパンフレットに、空売りで「株式仲買人の悪事が明らかになれば、売り手は王に10％の支払いをすべし」と提案している。1734年に成立したジョン・バーナード法は実質的に空売りを禁止しているが、この手法がすたれることはなかった。

　shortという言葉の由来ははっきりしていない。もしかしたら直接的に、資産価格が縮小したり短縮したりしていくイメージかもしれない。17世紀のアムステルダムでは、スペイン出身のトレーダーがたくさんいて、空売りはよくen blanco、つまり「空白」と呼ばれていた。これはおそらく譲渡証明書に所有者の名前が記載されていないからだろう。もしかしたら、アメリカでの呼び方は、自分が所有していない証券を売るのは、必要書類が足りない（short）ような人で、それがだんだんトレード自体を示す言葉になっていったのかもしれない。

　shortという言葉が使われた最も古い記録のひとつは、ニューヨーク・イブニング・ポスト紙の1861年4月12日付けだった。南北戦争が始まって間もない当時、国債（**株**と呼ばれることもあった）を売ることは非国民的行為とみなされていた。この記事には「ニューヨーク証

券取引所の理事の1人が政府株をオンタイムで『空売り』することを持ちかけられたが、即座に追い払った」という文があるが、ここでは空売りが強調され、オンタイム（あとで救済される取引）という説明も付けられていることから、空売りが一般大衆にはなじみのないものだったことが分かる。

　ジェームス・K・メドベリーが1870年に書いた『メン・アンド・ミステリー・オブ・ウォール・ストリート』（Men and Mysteries of Wall Street）には、空売り筋のことも書かれている。「彼らは価格が高すぎると信じて空売りし、一文無し（short）になる。まるで、お金を浪費した揚げ句、小銭にも困る（short）人のように」

　由来のひとつの可能性として、1856年1月にイギリスで行われたルーク対ショートの裁判の判決がある。この裁判では、ボロ布業者のショートが、同業者のルークの「ボロ布一袋」の価値は、彼の言い値の半分しかないと主張していた。裁判所が無効としたこの主張は、正確には空売りではないが（ボロ布はトレードされていない）、実質的にルークがロングで、ショートはショートだった。このケースが、数カ月後に影響力の大きいニューヨーク上位裁判所で引用されたため、アメリカの投機家の間で、株の下落を説明する必要があるときに使う粋なスラングとしてショートが広まったと想像できる。もしかしたら、アメリカ人トレーダーはもともとは「私はショートのような立場だ（I'm like Short）」と言っていたのが、より示唆に富む「私はショートだ（I'm short）」という言い方に自然に変わっていったのかもしれない。

　1850年代と1860年代のアメリカの株式市場をさらによく調べれば、shortの明確な由来が分かるかもしれない。しかし、今のところ、この投機的な（speculative）言葉の由来は推測する（speculate）しかない。

ショップ【shop】（名詞）

マネーマネジャーは、自分の会社を「ショップ」と呼びたがる。「私たちのショップのやり方をご説明しましょう」などと言うのだ。この言葉は、古風な印象——ディケンズの時代のロンドンの店先で、細部まで行き届いた仕事をする職人が作業台にかがんで特注の皮のファイルを作っており、顧客は表のカウンターで上等な紅茶を飲みながら仕上がりを待っているというような光景——をかもしだすからだ。しかし、投資の仕事に手仕事はほとんどない。投資「ショップ」の多くが作っているのは虚像。

調べる【investigate】（動詞）

投資家が、投資する前に必ずすべきことだが、実際はほとんど何もしていない。

「デュー・デリジェンス」参照。

じりじりと動く【grind】（動詞）

ゆっくりと苦しみながら動くこと。「価格はじりじりと上げていった」「利回りはじりじりと低下している」など。下の版画を見て、金融市場という巨大な石臼が、ゆっくりと回転しながら出し抜こうとする投資家のほとんどをすりつぶしていくような印象を持ったとしたら、その感覚はあまり外れていない。

「オリーブ油剤」（フィリップス・ガレ［版画］、ヤン・ファン・デル・ストラダヌス［原画］、版画、1595年ごろ、アムステルダム国立美術館）

親近感詐欺（アフィニティ・フラウド）【affinity fraud】（名詞）

親しいことを悪用して友人や知人をだます金融犯罪。例えば、教会の信者や、社交クラブ、特定の民族などの結束の固い集団に、詐欺師がインチキな投資を売り込むこと。被害者たちは詐欺師をよく知っている人物だからと信頼し、詐欺師のほうは被害者たちが自分をお金を盗もうとしている詐欺師だと気がつくはずがないと思い込んでいる。

新興市場【emerging market】（名詞）

以前は「第三世界」に含まれていた国。新興国の株は、5～10年ごとに約18カ月間、人気が高まる。この時期の初めには、「新興市場の株はリスクが低く、先進工業国のそれよりも成長が速い」と紹介される。しかし、この時期の終盤になると価格は下落し、「新興国の株はリスクが高く成長も遅い」と言われるようになる。その時点で、外国人に株を売った地元の人たちが買い始める。

シンジケート【syndicate】（名詞）

組織犯罪で、違法に利益を得る行為に参加したグループ。ウォール街では、証券の売り出しに参加する会社。組織犯罪とウォール街がまったく同じ言葉を使っているのは、見かけが似ているから、とは皮肉屋でさえ言わないだろう。

新時代【new era】（名詞）

愚かな投資が一斉に行われる時期。これを支持する人たちは、株は新たなルールで評価すべきだと主張する。例えば、「この会社はものすごい急成長を遂げているため、その価値は無限だ」。新時代の投資家は、将来を疑わず、そのあとは必ず世界大恐慌直前のような状態になる。1934年に発行されたベンジャミン・グレアムとデビッド・ドッドの名著『証券分析』（パンローリング）には、次のように書いてある。

し

「職場を捨てて金融市場に押し寄せる人たちの様子は、ゴールドラッシュでクロンダイクに殺到した人たちとよく似ている。ただ、大きな違いはクロンダイクには本当に金があったことだ」

グレアムとドッドが描いた新時代は、1928〜1929年にピークを迎えたが、70年後にまた同じことが繰り返された。

2000年2月29日に、ヘッジファンドマネジャーのジェームス・J・クレーマーが投資家に、実際の利益や物理的な資産がある会社を買うという「手法に縛られる」必要はないと勧めるスピーチを行った。赤字でも急成長しているインターネット会社（デジタル・アイランド、エクソダス・コミュニケーションズ、マーキュリー・インタラクティブなど）は、「良いときも悪いときも継続的に上昇していく唯一の業界」だというのである。つまり、利益や簿価の倍率が低い株を探している投資家は「すでに道を誤っている」ばかりか、「ウェブ登場以前の基準や公式や教科書はすべて捨て去る必要がある。その方法ではもう利益は上がらないから……。もしグレアムやドッドに教わった手法を使っていたら、当社の運用資金はなくなっていただろう」というのである。

しかし、それから何日もたたずにバブルが崩壊した。148ドルだったデジタル・アイランドの株価は、2001年5月に買収されたときには3.40ドルまで下落しており、エクソダスは2001年9月に破産、マーキュリー・インタラクティブは不正会計の調査の最中にナスダックを上場廃止になった。結局、これらの新時代銘柄に1万ドルを投資した場合、その価値は2002年末までに597.44ドルに下落していた。

新時代は、1720年や1844年など、これまで何回も宣言されてきた。あなたの投資人生において少なくともあと1回はあるだろう。もし古いルールはもう当てはまらないと言われたら、偉大な投資家だったジョン・テンプルトンの言葉を思い出してほしい。「英語で最も高くつく4単語は『This time it's different』（今度だけは違う）」

信用【credit】(名詞)

　語源はラテン語の「信頼」「確信」。貸し手や**債権者**が、主に企業に資金を貸し付けること。借り手に対する信頼や確信は、希望や祈りではなく、調査に基づいたものであるべき。

信用格付け【credit rating】(名詞)

　格付け機関（S&P、ムーディーズ、フィッチなど）が、債券やそれ以外の証券の質を示すと称する一連の文字。通常、格付けは最高位の**AAA**から**デフォルト**（債務不履行）を示すDの間で評価している。格付けがAAAの債券は下がるしかなく、Dは上がるしかない。つまり、格付けに基づいて投資するのは、投機的な行為なのかもしれない。

信用取引【margin trading】(名詞)

　「**マージン**」参照。

信頼性【confidence】(名詞)

　宗教的な信仰と似ているが、それよりもあやふやな根拠に基づくもので、低くあるべきときは高く、高くあるべきときは低い傾向がある。信頼性が高い時期は危険で、投資家が信頼できると思うほど、あとで後悔する可能性が高くなる。しかし、そのことに気づくことができる人はほとんどいない。

　「**後知恵バイアス**」「**自信過剰**」参照。

心理勘定【mental accounting】(名詞)

　人の心が経済理論と対立する理由のひとつ。人は、資金を目的別に頭の中の財布に配分する。同じ金額のお金の価値は理論的には同じだが、人はそのように見ないことが多い。例えば、3つの方法——年末のボーナス、宝くじが当たった、かわいがってくれた叔母からの遺

産——で、それぞれ1000ドルを手に入れたとしたら、それを同じように使えるだろうか。もちろんできない。おそらく、年末のボーナスでは何か役に立つものを買い、宝くじの賞金は旅行やそのほかのことで散財し、遺産ならば極めて安全なところに投資する、といったことになるだろう。お金の出所とそれを何に使うかということは、実は金額以上に、そのお金に対する姿勢に大きく影響することが多い。

心理的に重要な【psychologically important】（形容詞）

あまり重要ではない。ささいなこと。理にかなっていないこと。心理的に重要という言葉は、ダウ平均の1000ドルの位が変わったり、金ならば1200ドル、原油ならば100ドルを付けたりするといった「節目」に使われることが多い。

★「当社では、ダウは今後下げると考えています」と、証券会社のシェーファー・シェアラー・スキナー・カーバー＆タナーでテクニカルアナリストを務めるコナー・ディレイは言った。「ただ、心理的に重要な節目となる１万8000ドルが支持線になるでしょう」

ただ、株式市場はダウが１万8000.01ドルから１万7999.99ドルに下げてもかなり安くなったとは言えないし、金が1200ドル、原油が100ドルになっても（それ以外の価格でも）、それが今後上げるとか下げることを示唆しているわけではない。このような節目は、それが心理的に重要だと主張している評論家にとっては心理的に重要かもしれないが、それ以外の人は無意味だとみなすべきだろう。

スーパーボウル指標【Super Bowl Indicator】（名詞）

　スーパーボウルで、NFC（ナショナル・フットボール・カンファレンス）所属のチームが勝つと、アメリカの株価が上がるという信仰。この指標に頼った人がどれだけヘルメットを叩かれたのかは分析できていない。ただ、数兆ドル規模の株式市場の今後12カ月間のパフォーマンスが、２月の日曜の夜に行われる130キロの大男数十人による殴り合いの結果によって決まるという理論的な理由はない。

スタック（資本構成）【stack】（名詞）

　企業の資本を構成するさまざまなクラスの証券が層になって積み重なった状態。株の所有者にとって結局は不利になることが多い。もしすべて順調ならば、企業はその成長に寛大にかかわっている株主が所有しているように見えるかもしれないが、彼らは会社が破綻したときに自分たちがスタックの底辺にいるという事実を見逃している。もし企業がいずれ破産に至れば、優先株保有者が資産の第一請求権を持っており、劣後債務や無担保債務の保有者がその次になる。そのあとで、優先株の株主が残った資産から取り分を受け取り、普通株主が手にするのはその残り物、もしあれば。

捨て金【mad money】（名詞）

　自分がトレードという無分別な行動に適しているかを確認するための分別ある方法。カジノに行くときは、所持金すべてをすらないように、財布をホテルの金庫に預けて一定の現金だけ持っていくように、

トレードに使う「捨て金口座」には厳しい上限をつけ、使い切ったら何があっても資金は追加しない。

もしそこで資金を100倍にできれば、かなり大きな儲けを上げるための十分な初期投資ができたことになる。しかし、もし口座の資金を100％失ったとしても、さほど大きな損失ではなく、資産を大きく減らすことにはならない。

「心理勘定」「投機」参照。

ストックピッカーのマーケット【stock-picker's market】（名詞）

洞察力と才能がある投資家が競い合いをやめ、多くの能無しがいるところで独占的にトレードできるという想像上の環境。

こう信じる根拠は薄く、ウォール街のフェザー級の論法でも正当化するのは難しい。

株式市場で行われるトレードのほとんどは、プロのマネーマネジャー、つまりいわゆる「ストックピッカー」によるもの。そのため、「ストックピッカーのマーケット」という言葉が意味をなさないことは少し考えればだれにでも分かる。高給取りで、専門的な訓練を受け、電子機器を備えたストックピッカーがマーケットの支配を強めれば強めるほど、彼らが平均のパフォーマンスを上回るのは難しくなるからだ。

それでも、金融評論家は年に数回、「今こそ、ストックピッカーのマーケットだ」と宣言する。しかし、どれほどたくさんの「専門家」がそう宣言しても、プロのストックピッカーの約3分の2が、ほぼ毎年、マーケットのパフォーマンスを下回っている。

ストックピッカーがある株を正しく買えば、そこには必ず間違って売った別のストックピッカーがいる。あるマネーマネジャーの利益は、必ず別のマネジャーの損失なのである。これはマーケットが上げていても、下げていても、ほかと違う動きをしていても変わらない（「相関」参照）。資金がインデックスファンドに流入しているときでも、流出

しているときでも、それは変わらない。今がストックピッカーのマーケットでないどころか、そんな環境のときはそもそもない。まれに、少数のストックピッカーがあるマーケットでうまくいくことがあったとしても、彼らのほとんどが同時にうまくいくことは不可能。

　もしだれかが「今はストックピッカーのマーケットだ」と言ってきたら、ぜひこう聞いてみてほしい。「今と過去はどう違うのですか。彼らはこれまで何をしていたのですか。それまで花でもつんで（pick）いたんですか。つま先でもつまんで（pick）いたのですか。それとも鼻でもほじって（pick）いたんですか」

　「これがストックピッカーのマーケットだ」と主張する人には、体を粘着テープで固定して1日中同じ情報をたれ流している金融専門テレビを見せるとよい。この精神的苦痛が何日か続けば、彼らも自分の間違いに気づくだろう。ただし、行儀良く振る舞うことができるようになるためには、認知行動療法を受ける必要があるかもしれない。

スマートベータ指数【smart beta】（名詞）

　マーケットと同じではなく、それを超えることを目指した**インデックス**（と、それに連動する**インデックスファンド**）。より**価値**が高いと思われる銘柄を**オーバーウエート**し、より**価値**が低いと思われる銘柄を**アンダーウエート**している。スマートベータはうまくいくかもしれない──少なくとも多くの投資家がバカすぎてこれがうまくいっていると思っている間は。

スマートマネー【smart money】（名詞）

　どの株を買い、どの株をいつ売るべきか、株価に影響を与えるかもしれないすべての情報、会社の幹部の考えていること、地政学的な出来事がそれぞれのマーケットに与える影響などが分かっている投資家。「まだスマートマネーは買っていない」「スマートマネーが新興市場

の株を投げ売りしている」などと使う。

　しかし、「スマートマネー」を語る人も、それがだれなのかは分からない。次のように、「スマートマネー」の言葉を引用する人たちですら分からないのだ。

　　もし、スマートマネーがそれほどスマート（賢い）ならば、なぜ自分がしていることをあなたに教えるのか。
　　あなたがスマートマネーの考えが分かるくらいスマートならば、なぜそれを秘密にしてすべてを独占しないのか。

「スマートマネー」は、実は想像上の存在で、ギリシャ神話に出てくる多頭の怪物ヒュドラーのようなものかもしれない。ヒュドラーは、1本の首を切り落とすと、そこからすぐに2本の首が生えてくるが、どちらも中身は空。これは、ほかの人のお金をくすねるためにでっち上げた「スマートマネー」という幻想とよく似ている。

　だからこそ、ピーター・リンチは『ピーター・リンチの株で勝つ』（ダイヤモンド社）のなかでこう書いている。「ダムマネーは、スマートマネーの言うことを聞いたときのみダムになる」

　「**彼ら**」参照。

成功報酬(インセンティブフィー)【performance incentive fee】(名詞)
「フルクラム手数料」参照。

清算【liquidation】(名詞)
　企業や個人が資産を強制的に売却させられること。liquidateには「殺す」という意味もある。

　清算が行われるのは、**流動性**(liquidity)が枯渇したとき。ジョセフ・コンラッドが『勝利』(『新集世界の文学　第24巻 [中央公論社]）のなかで書いているように、「金融の世界は不可解で、不思議なことに、清算の前に消滅する。まず、資本が消滅し、次に会社が清算されるのだ。これは物理的に非常に不自然である」。

　そのため、投資家は流動性を最大にしておくとともに、清算の必要に迫られることがないよう常に注意を払っておく必要がある。

生存者バイアス【survivorship bias】(名詞)
　生き残った金融資産や投資マネジャーのみのデータで算出した過去のリターンを、過大評価してしまうこと。時間の経過とともに、企業が倒産したり、資産運用会社が廃業したりすると、それらのリターンは多くのデータベースから消去されるため、全体の平均は実際の水準よりもあとから見たほうが高くなる。

　仮に、引退したカー・レーサーにアンケートを取り、彼らの年齢が89歳だったとする。その場合、時速320キロでレース場を駆け巡ると寿命が延びると結論づけるだろうか。もちろん、そんなことはない。

生存者の平均年齢が高くても、若くして衝突事故で亡くなった人を含めれば、レーサーの寿命はずっと短くなるからだ。

同様に、破綻した人たちのリターンを含めなければ、株や投資信託やヘッジファンドなどの長期的に見た平均パフォーマンスは、実際よりも年率1〜2％高めになってしまう。

投資家は、将来の期待値を計算するときに、過去の状況がゆがめられていないか確認する必要がある。歴史の本は、勝者によって書かれているが、過去は勝者と敗者の両方によって作られるものだからだ。

セテリス・パリブス【ceteris paribus】（形容詞、慣用句）

「ほかの条件が等しければ」「ほかの事情が一定ならば」という意味。エコノミストがいくつかの条件を挙げるときに使う言い回しだが、それはほかの人たちに言わせれば「あり得ない」ような状況。

★「もし仕事と宝くじで同じ額を稼いだら、そのお金は同じように使うでしょう。ほかの条件が同じならば（セテリス・パリブス）」と、ハーバード大学のアイビー・タワー教授（経済学）は、キャンパスを横切りながら言った。そこに、100ドル札が風に乗って飛んできた。教授は履いていたピンヒールで捕まえると勝ち誇ったように言った。「これで新しいキンドルが買えるわ」

潜在的利益相反【potential conflict of interest】（名詞）

実際の利益相反のこと。

戦術的資産配分【tactical asset allocation】（名詞）

「マーケットタイミング」（market timing）を説明する方法のひとつで、音節が4から9になった分、2.5倍素晴らしく聞こえる。ただ、それで成功率が高くなるわけではない。

洗練された投資家【sophisticated investor】（名詞）

ウォール街でよく使われる矛盾する言葉のひとつで、金融におけるジャンボシュリンプ（虚構）、軍情報部（軍隊の知性）、あるいは国際連合（団結した国々）のように、そもそも意味が矛盾する言葉でできた複合語。1回に何百万ドルもの資金をトレードする**富裕層投資家**や**機関投資家**を表す言葉としてよく用いられる。しかし、人はお金を持っていれば洗練されているというわけではない。むしろ、逆のことも多く、それは彼らの行動が証明している。

「デュー・デリジェンス」「ヘッジファンド」参照。

戦略【strategy】（名詞）

戦術。

現実の世界における戦術は、軍隊や企業の経営で長期的な戦略を遂行するために下していく短期的な判断。しかし、ウォール街における「戦略」とは、たいていは高速で頻繁にトレードしようとする戦術の婉曲表現。この言葉は、言うこととやっていることが違うことを示す赤信号であることが多い。もしマネーマネジャーやファイナンシャルアドバイザーに「戦略」について説明をされたら、「なぜそれは戦術（tactic）ではなく、戦略（strategy）なのですか。具体的にそのどの部分が戦略なのですか」と聞くとよい。彼らもその答えを考えるなかで学ぶことがあるかもしれない。そして、あなたはほぼ確実に彼らについて学ぶことができる。

相関【correlation】(名詞)

　証券や金融資産の動きが連動する度合いのこと。自分には才能があるからとうぬぼれ、上昇する資産ばかり買っている人は、高相関の資産がいつか一斉に下落するということも覚えておくべき。もし2つの資産が平均以上(あるいは平均以下)のリターンを上げていれば、それらは「正の」相関がある、または相関性が高いと言う。もし一方が平均以上のリターンで、他方が平均以下ならば、それらは「負の」相関がある。また、一方が平均以上のときに、他方が高かったり、低かったり、同じだったりすれば、相関性がないと言う。**分散**は、ポートフォリオの資産の相関性が高くないときに最も効率的かつ強力に機能する。しかし、そのためにはほかよりもパフォーマンスの低い資産を保有する必要があるため(その時点の流行を追いかけるのではなく)、ほとんどの投資家は魅力を感じない。

　「ストックピッカーのマーケット」参照。

相乗効果【synergy】(名詞)

　多くの場合、ある会社を買収したときに唯一得られるもの。ウォーレン・バフェット曰く、「理屈に合わない買収を説明するときによく使われる言葉」。

　買収側と被買収側の幹部を含め、だれも相乗効果が何か分かっていないため、買収額が正当であることを証明できることはほぼない。

　ただ、当然ながら、相乗効果をうたって説得力のない買収を正当化しようとする人たちがいなくなるわけではない。ファインディング・

ベータというウェブサイトに最近掲載された記事から抜粋した次のケースはその好例。

★「カザフスタンに遊園地を作る会社と、こすると香りが出るウェブサイトを発明した新興企業には何の共通点もないと考えるアナリストもいるでしょう」と、経営コンサルティング会社のインテグラファイズ360で上席戦略的組織効率化責任者を務めるケン・ビルモアは語る。「しかし、彼らはこれがどれほど強い相乗効果を発揮するのかが分かっていません。これは、将来、ウィン・ウィン・ウィン・ウィンの状況を生み出すのです」

相対パフォーマンス【relative performance】（名詞）

ポートフォリオのパフォーマンスが、比較対象の**指標**や**ベンチマーク**よりもどれくらい良いか（悪いか）ということ。顧客にとって、長期パフォーマンスと関係のない短期の相対パフォーマンスは意味がない。しかし、マネーマネジャーにとっては、それが報酬を左右するため、最も重要となる。

「**キャリアリスク**」参照。

ソーサー【saucer】（名詞）

テクニカル分析のパターンで、価格が曲線を描いて下げ、しばらく横ばいになり、再び曲線を描いて上げて受け皿の断面図の形になること（「逆ソーサー」パターンならば、株価はまず上昇して横ばいのあと下げる）。株価チャートでソーサーを見つけたと言っているアナリストは、その一方で、空飛ぶ円盤（ソーサー）を見たなどと言っている人はまともではないと思っているが、たぶんそれは半分くらい正しい。

底【bottom】（名詞・動詞）

ソローが『森の生活』のなかで次のように書いている。どこにでも固い底はある。旅人が男の子に目の前の沼には固い底はあるのかと聞くと、男の子はあると答えた。しかし、今、旅人の馬は腹帯のところまで沈んでいる。旅人がもう一度「この沼には固い底があると言っていたよね」と聞くと、「そうだよ」という答えが返ってきた。「でも、まだ半分も行ってないよ」。今日の投資もこれとまったく同じだ。マーケットが一定期間下落したあと安定し始めると、**テクニカルアナリスト**は、マーケットが「底を形成しつつある」と言う。そして、価格が上昇し始めると、「底を打った」と言う。しかし、そこからさらに下落が始まると、彼らはすましてマーケットが新たな底を形成しつつあると言う。実際、新しい底は、ゼロに達するまで、繰り返し形成されることもある。

「支持線」参照。

損益計算書【income statement】（名詞）

会社の財務諸表のひとつで、収益は誇張し、経費は過小に記しているかもしれない報告書。

損切り注文【stop-loss order】（名詞）

「ストップオーダー」「ストップ」などとも呼ばれる。特定の価格を下回ったら証券を売る注文。それをすることで、損失を確実に防ぐと同時に、利益もそこでもう増えることはない。

損失を被る【lose】（動詞）

資産の市場価格が下がると、ほかの投資家に起こること。もちろん、あなたにはけっして起こらない。

「ボタンをかける」「利得」参照。

損失回避【loss aversion】(名詞)

人は100ドル儲けるチャンスと100ドルの損失を回避するチャンスに同じ額を賭けるという経済学の古典的な仮定。理由は、どちらでも結局、現状よりも100ドル良くなるからとされている。しかし、心理学者の実験によれば、人には損失回避の傾向がある。もしコイン投げで裏が出れば100ドル失う場合、表が出たときの賞金がいくらならばこのギャンブルに参加する気持ちになるだろうか。たいていの人は、225〜250ドルの範囲の金額を挙げる。これは、1ドルの損失による痛みが、1ドルの利益の喜びの2倍以上であることを示している。

最近「勝ちが続いて」いる投資家は、お金を失う痛みを忘れがちになる。しかし、近いうちに辛い形で思い出すことになるだろう。

ゾンビファンド【zombie fund】(名詞)

生ける屍のようなファンド。**ヘッジファンド**や**プライベートエクィティファンド**に多く見られる。

運用開始からかなりの年数がたち、解散すべきときから何年も過ぎているファンドで、保有資産は価格がなかなか付かず、売るのはほぼ不可能なものばかり。しかし、マネジャーはまるで活発に運用しているかのごとく顧客から手数料を取っている。

た

ダークプール【dark pool】(名詞)

　電子トレードのネットワークで、**機関投資家**が注文を**証券取引所**を通さずに非公開で(掲示板を光らせないで)株を売買しようとすること。理論的に言えば、ダークプールは、買収を目論むトレーダーにとって、大口注文を執行前にかぎつけられないようにするための手段。しかし、実際のダークプールは**高頻度トレード**を繰り返すサメのようなトレーダーであふれていて、彼らは非効率的な価格があればすぐに食いつく。

貸借対照表【balance sheet】(名詞)

　バランスシート。企業の財務諸表の一部で、資産(所有するもの)と負債(借りているもの)を報告する書類。資産の合計と負債の合計は「バランス」、つまり一致しなければならない。もしそうならなかったときは、経営陣や会計士が一致するまで調整する。

代表性【representativeness】(名詞)

　少数のサンプルデータが、母集団を正確に表しているとみなすこと。これによって、人は短期的なランダム性でしかない結果を、長期的な期待値だと思ってしまう。

　コインの表をH、裏をTとする。もしコインを6回投げれば、ほとんどの人はHTTHTHやTHHTHTのほうがHHHTTTやTTTHHHよりも多く出ると思っているが、実はこの4つのパターンは同じ確率で出る。そして、もしHHHHHHやTTTTTTが出れば見物人は驚くが、

それよりも長いパターンであっても、確率的には珍しいことではない。投資マネジャーやマネーマネジャーが連勝しているときに問うべきことは、それがどれくらい長く続いたかではなく、その結果がより長期的にどの程度続くと言えるのかということ。短期的なパフォーマンスが、長期的な結果を正しく予想できることはほとんどない。運の重要性を考えれば、投資のパフォーマンスが能力によるものか、それともランダムな運によるものかを、統計的に判定するのには50年以上かかる。しかし、そのころにはあなた（およびそのパフォーマンスを上げた人たち）はもう生きていないかもしれない。

大暴落【crash】（動詞・名詞）
「クラッシュ」参照。

ダウンサイドプロテクション【downside protection】（名詞）
ファイナンシャルアドバイザーが、以前にポートフォリオに損害をもたらした原因に備えてとる対策。ただし、次にポートフォリオに損害を与える原因はまったく別であろう。

ダウンサイドリスク【downside risk】（名詞）
お金を失う可能性。唯一のリスク（「アップサイドリスク」、つまりお金が儲かるリスクを避けようとする人はいない）。残念ながら、顧客のダウンサイドリスクを最小限に抑えようとしたファイナンシャルアドバイザーの多くが、結局は可能なアップリイドリスクを排除してしまっている。

タカ派【hawk】（名詞）
これまでどのような対策も効果がなかったのに、利上げをすれば経済を活性化できると思っている中央銀行当局者。

「ハト派」参照。

タックスシェルター【tax shelter】（名詞）
　投資家の収入を高い税金から守ってくれるかもしれない複雑な投資。問題は、間違いなく法外な手数料がかかること。

堕天使【fallen angel】（名詞）
　かつては高値だったのに今では地面にたたきつけられた株や、かつては質が高いとみなされていたのに、今ではジャンクボンドと呼ばれている債券。聖書をテーマにしたジョン・ミルトンの『失楽園』に登場する神に反抗して天国から追い出された天使から発想を得た言葉。金融用語としては、1973～1974年の株価大暴落のあと、多くのモメンタム系の株が80％以上下落したときから使われるようになった。投資家は、再び上昇すると信じて堕天使を買うが、一度地に落ちた株や債券にとって、天国への道は遠い。

他人のお金【other people's money】（名詞）
　ほかの人に属するお金。つまり、失っても自分のお金のときのような痛みは感じない。「他人のお金」という言葉は、のちに合衆国最高裁判所判事となったルイス・ブランダイスが1913～1914年に書いた記事や本のタイトル（『アザー・ピープルズ・マネー』[Other People's Money]）によって広まった。彼は、他人のお金を使うほうがガチョウを飼って卵を産ませるよりも良い、と書いている。それは結局、「他人のガチョウが生んだ金の卵をもらう」ようなことだからだ。今日、この言葉はOPMと略され、「ただのOPM」「OPMのみ」「OPMにすぎない」などと使われている。

　★「確かに、3億7800万ドルを失いました」と、ニュージャージー州ホホカスにある投資銀行ハッチャー・マネー＆オシコム

のトレーダーであるスコット・フリーは言う。「しかし、それが何だというんですか。しょせんOPMでしょう」

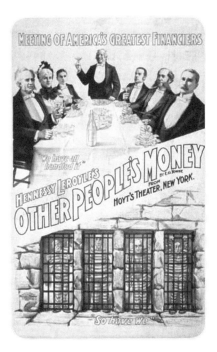

「ヘネシー・リロイルのポスターの『他人のお金』」（ニューヨーク、ホイツ劇場、1900年ごろ、米国議会図書館）

短期【short-term】（形容詞）

ウォール街では、30秒以下。対義語の**長期**は30秒以上。

単純比較【easy comps】（名詞）

四半期や年度の利益が、直近の利益をはっきりと超えることができると分かったときにすること。要するに、直近の利益がひどかっただけ。会社はたいてい前期の利益を意図的に**キッチンシンク**会計で処理しておいて、単純比較を行う。

ち

チェックリスト【checklist】(名詞)

　理論的に判断を下すためのツール。ほとんどの投資家は、直観と感情に基づいて即座に判断を下すため、使っていない。ちなみに、使わないほうがずっと楽しいが、利益はずっと少ない。良いチェックリストは、投資家に注意深い独自の調査を強いる枠組みを提供し、**確証バイアス**に対抗するために自分の見方とは違う情報を探すよう促し、**平均への回帰**を説明するために長期間、複数の情報源を調べさせる。航空機のパイロットや、救命救急現場で働く人たちのチェックリストが命を救うことにつながるように、投資家の優れたチェックリストも衝動的な判断を阻止してくれる。ほとんどの投資家が儲かっていないところを見ると、チェックリストを利用していないことは明らかだ。

チャイニーズウォール【chinese wall】(名詞)

　ウォール街の会社のなかで、**利益相反**を最小限に抑えるための障壁。由来となった万里の長城のように石と煉瓦でできた強力な砦を地中まで埋めこんであると思うかもしれないが、実際には自社の弁護士が作成した何枚かの書類があるだけ。万里の長城は侵入者を防いでいるが、チャイニーズウォールは矛盾を囲い込むのに効果を発揮しているだけ。

チャンネルチェック【channel check】(名詞)

　ウォール街で、アナリストが調査している会社の倉庫や店舗やそれ以外の場所を訪れて、品物や価格が報告書と一致しているかどうかを確認すること。しかし、チャンネルチェックの信頼性を見るかぎりで

は、アナリストが自宅の書斎で見ている番組のチャンネルとリモコンのチャンネルが一致しているかどうかをチェックしていたとしか思えない。

中央銀行【central bank】（名詞）

　過去に行った予測が当たらなかったのに、今、行っている予測は当たると信じているエコノミストの集団。それだけでなく、彼らは、過去の政策が失敗したのに、現在行おうとしている政策は成功すると信じているし、前回のインフレは阻止できなかったのに、この次のインフレは阻止できると思っているし、過去の政策で失業率が悪化したのに、将来の失業率は下げることができるつもりでいる。

　ここまで来れば、中央銀行と風見鶏の違いは明らか。どちらも風で方向が変わるが、中央銀行の連中だけは、自分が風の方向を決めていると思っている。

長期【long-term】（形容詞）

　ウォール街で、約30秒後から最大2～3週間後までの期間を示す言葉。

> ★「グーグルは長期で保有していました」と、フロリダ州オパロッカにある資産運用会社のグリム・リーパー・ナイト＆ハークネスでポートフォリオマネジャーを務めるヒューゴ・ベイリンは6月13日に行われたインタビューで語った。「買ったのは5月です」

長期的な【secular】（形容詞）

　長い期間にわたって展開すると思われる一連の出来事。語源はラテン語で「年齢」「時代」を意味するsaeculum。終わりかけたトレンドを表現するのによく使われる。例えば、日本の株式市場は、1989年ま

で「長期的なブル相場」だったが、突然そうではなくなった。アメリカの株式市場は、2009年3月9日まで「長期的なベア相場」だったが、そこから長期的なブル相場に突入した。ただ、みんな2012年ごろまでそのことには気づかなかった。

この言葉の対義語は宗教的（secularには聖職者ではない俗人という意味もある）。もし後講釈以外の方法で、確実に長期的なトレンドを見つけられる人がいると信じているのならば、そういうことになる。

「**循環的な**」参照。

調整【correction】（名詞）

人々が長続きはしないと思うマーケットのちょっとした下落。ただし、それが本格的な**ベア相場**の始まりになることもあれば、押し目になることも、**ブル相場**の始まりになることもある。終わってみなければ、それが何だったのかは確実には分からない。

通常は、10％以下の下落を意味する言葉だが、調整の正式な定義はない。この言葉には、もともと価格が上昇することが間違っており、マーケットで何らかの「調整」がされるべきだ、という含意があることを投資家は知っておくべき。

帳簿【book】（名詞）

ブローカー、トレーダー、マネーマネジャーなどが付けているポジションや損益の記録。競馬用語のto make book（胴元）または、代理で子馬に賭けることを連想させる。この言葉は少なくとも南海泡沫事件（南海バブル）を受けて投機的な売買を制限するため、ジョン・バーナード法が制定された1734年には存在していた。これによって、すべてのブローカーは「帳簿またはレジスター（ブローカーズブック）に、……すべての取引を記録することになった」。

それ以来、**当局**はブローカーの「帳簿と記録」を検査することに取

りつかれているが、それをしても、早期に不正行為を見つけて投資家を保護できることはほとんどない。

　Bookの動詞形は記帳するまたは計上するで、取引を記録するまたは認識すること。例えば、「利益を計上する（book）」「あのトレードの損失を計上した（booked）」。

　ブローカーやファイナンシャルアドバイザーも、会計帳簿、事業帳簿、取引先帳簿、顧客帳簿、生産帳簿などを参照する。これらの用語は、すべて「手数料の流れ」と同義。

つ

通貨【currency】(名詞)

　ある国で機能するお金。語源はラテン語で「走る」「流れる」を意味するcurrere。国の経済に対する信頼が下がると、一般大衆は自国の通貨を外国の通貨に替えようとするため、その国の通貨の価値はさらに下がり、その「通貨の流出」が続くかもしれない。これは言語学的に重複しているし、経済的には恐ろしい。アメリカのドルはそのような運命には至っていない——今のところは。

「お金をめぐる戦い」(ピーテル・ファン・デル・ヘイデン [原画]、ピーテル・ブリューゲル [父、版画]、1570〜1600年ごろ、米国議会図書館)

次の【next】(形容詞)

　現実の世界では、近い将来現れたり起こったりする可能性が高いこ

と。ウォール街では、まったく起こる可能性がないこと。

　株価が上昇している創業間もないインターネット会社はどれも「次のグーグル」と表現され、取るに足らない複合企業でも、値上がりが続いていれば「次のバークシャー・ハサウェイ」だと決めつけられ、大いに期待されている会社はどれも「次のアップル」と命名される。

　2015年初めに、グーグルで「次のウォーレン・バフェット」と検索すると、約２万7000件出てきた。アメリカには投資顧問が約70万人しかいないことを考えれば、これは驚くべき数字と言える。

　平均への回帰によって、株も投資マネジャーも冷める直前が最も熱く見える。ちなみに、「次のウォーレン・バフェット」と予想されたマネーマネジャーが、長期的にバフェットの影ほどにでもなれる確率は、約0.01％にすぎない。

　フィデリティ・マゼラン・ファンドの偉大なマネジャーだったピーター・リンチは、『ピーター・リンチの株で勝つ』（ダイヤモンド）のなかで、「私は、『次のＩＢＭ』『次のマクドナルド』『次のインテル』『次のディズニー』などと呼ばれている会社も避けることにしている。私の経験では、『次の』と言われる会社で、前の会社並みになれた会社はほとんどない。このことは、ブロードウエーについても、ベストセラー、NBA（プロバスケットボール協会）、ウォール街についても言える」と書いている。

　皮肉なことに、リンチ氏がファンドのアクティブ運用から引退すると、何十人ものファンドマネジャーが「次のピーター・リンチ」と呼ばれた。しかし、結局、だれも大したことはなかった。

　株でも、マネーマネジャーでも、金融資産でも、「次の」と呼ばれるものを目にしたら、次にすべきことは忘れることだ。

抵抗線【resistance】(名詞)

テクニカル分析で、現在の価格が過去の高値に向かっているパターン。多くの資産価格は長期的にはほぼ必ず上昇するが、テクニカルアナリストはなぜか「抵抗線」に近づくと、価格が上昇を続ける可能性は低くなるとしている――少なくとも短期的には。もしそうならなければ、テクニカルアナリストは再度抵抗線を設定し直す。

「支持線」参照。

ディスカウント【discounting】(名詞)

人間が、現在価値を将来のリスクやリワードよりも重視するという性質を持っているために行われる衝動的な処理。つまり、今、小金持ちになるほうが、あとで大金持ちになるよりも良いと感じる。経済学者のジョン・メイナード・ケインズも、「人はすぐに結果が出ることを望む性質がある。すぐに儲けることに奇妙と思えるほど関心があり、普通の人でも将来の利益はかなりの率で割り引いて考える」と書いている。将来の価値をあまり割り引かない投資家には、投資が実を結ぶまで何十年も待つ忍耐力と自制心があり、長期的には最も成功する。

ディスカウントブローカー【discount brokerage】(名詞)

投資家が、だれかにお金を払ってポートフォリオをダメにしてもらう代わりに、自分でポートフォリオをダメにすることができる会社。ディスカウントブローカーの顧客のなかには、これをうまく使って効率的に安く資産を構築する（破壊するのではなく）人もいるが、多く

は自ら愚かなことをしてしまう。逆説的ではあるが、安い手数料の恩恵を最も受けているのは、手数料を払う頻度が最も低い人たちなのである。

ディスポジション効果【disposition effect】（名詞）

含み益があるポジションを早めに売ったり、含み損が出ているポジションを長く保有しすぎたりすることで、税の支払いを増やし、投資リターンを減らす投資家の傾向。投資資産を売ると、**心理勘定**も清算されるため、ほとんどの投資家は一気に売って利益を確定させ、自尊心を得たいと考える。しかし、負けポジションを売ると損失が確定し、将来利益に転じる可能性がなくなるとともに撤回できない間違いを認めることになるため、ほとんどの投資家は負けポジションには蓋をして、ないものとして保有し続ける。もしそのなかのどれかがのちに利益に転じたら、いずれ大勝ちすることが分かっていたから保有していたのだと自慢する。ただ、その分については自慢できても、ほかのポジションで損失を出し続けていることに変わりはない。

ティッカー【ticker】（名詞）

現実の世界では、「心臓」のスラング。ウォール街では、価格の変動を絶え間なく伝達する機械で、証券会社に不可欠なもの。1867年にE・A・カラハンが発明し、その後、若い電信係だったトーマス・アルバ・エジソンが改良した。ティッカーは株の銘柄とトレード価格を紙テープに高速で印刷する電報で、稼働中はカチカチと大きな音がする。今日ではコンピューター化されて、画面に赤や緑の数字が静かに点滅するようになったが、それを見て喜びや痛みの叫び声が上がるため、うるさいことに変わりはない。

「愛してる、愛してない」（漫画、ハーパース・ウィークリー誌、アメリカ金融博物館）

ティック【tick】(名詞)

①ダニ。寄生性の動物で、ウィルスやバクテリアを媒介して人に痛みや場合によっては致命的な神経障害を負わせることもある。
②株価の変化の単位。

市場が開いているときは、2つの定義の見分けがつかないかもしれない。

デイトレーダー【day trader】(名詞)

「愚か者」参照。

データ【data】(名詞)

ウォール街でマーケティングのためにねじ曲げた解釈をねつ造するための原材料。

敵対的買収【hostile takeover】(名詞)

「株式公開買い付け」参照。

テクニカル分析【technical analysis】(名詞)、**テクニカルアナリスト【technical analyst】**(名詞)

過去の価格を見ることで、金融資産の将来の価格を予測する手法。信頼性は、昨日の天気から明日の天気を予想するのと同じ程度。テクニカル分析は、資産によっては(特に商品や通貨)、価格の瞬間的な変動を予測する能力が低いという証拠もある。また、テクニカル分析が長期投資にも有効かどうかは不明。結局、株やそのほかの資産の将来の価格は、証券自体の過去の価格ではなく、根底にある資産が生み出す現金の流れによって決まる。例えて言えば、スポーツチームの将来の記録が、過去の試合の得点ではなく、プレーヤーのパフォー

マンスによって決まるのと同じこと。

　証券の価格の動きには無限のパターンがあるため、テクニカル分析は、金融界のどの試みよりも難解な専門用語で彩られている――**ヒンデンブルグ・オーメン**、フィボナッチリトレースメント、一目均衡表、ボルテックス指数、ストキャスティクス、トリプル指数平滑移動平均線、GMMA（複合型移動平均線）、**ソーサー**、スティックサンドウィッチ、ダブルトップ、トリプルボトム、毛抜き底、**ヘッド・アンド・ショルダーズ**、足長同時線、弱気のカタパルト型、捨て子線、デスクロス、上放れ2羽烏など。ウォール街の原則として、分かりにくい専門用語ほど利益になりにくいと覚えておくとよいだろう。

手数料【commission】（名詞）

　ウォール街の通貨の単位。トレッドミルのスピードを上げていくように、やっきになって売買する投機家の出来高に応じて増えていく。手数料を考えないで素早くトレードを繰り返している人は、速度を上げていけばいずれトレッドミルを超えることができると考えるようになる。手数料は、投資額の10〜15％に上ることもあれば、0.1％以下のこともある。これを頻繁に支払えば、ブローカーはより儲かる。

　1890年代に、初めてマンハッタンにやって来た田舎者の話は、いまだに語り継がれている。ウォール街で働く従兄の事務所を訪れた田舎者は、林立する高層ビルを見て叫んだ。「だれがこんなにたくさんすごいビルを建てたの」という問いに、都会の従兄が言った。「顧客さ」

手数料【fee】（名詞）

　feeは綴りも短く音も小さい単語だが、ほとんどの投資家にとって成否を決める最大要因。

　手数料をできるかぎり安く抑えている投資家の多くが、可能な範囲で最大のリターンを上げている。ちなみに、ファイナンシャルアドバ

「袋に金を詰める男と悪魔」(ウィレム・ファン・スワーネンブルフ [版画]、マールテン・ファン・ヘームスケルク [原画]、版画、1609年、アムステルダム国立美術館)

イザーについてはその逆が言えるが、そのことはあまり知られていない。

　著名な金融ジャーナリストのM・T・ヘッドが最近、次のように書いている。

　　★アデナウアー・ドウ＆カンパニーでウエルスマネジャーを務めるビル・マッチモアは、電話インタビューで「私たちが顧客のためにどれほど尽くしているかを考えれば、年間１％という手数料は妥当だと思います」と語った。私が、電話口に海辺の波音が聞こえるのはなぜかと尋ねると、マッチモア氏はあわてた

様子で、昼食から事務所に戻る途中で、近くをバスが何台か通ったけだと釈明した。

デッド・キャット・バウンス【dead-cat bounce】（名詞）

　死んだ猫でも投げ落とせば跳ね返る。何も分かっていないマーケットの専門家でも、何か知っているように見せることができる独特のスラング。この言葉は、金融アナリストのレイモンド・F・ドゥボーが1986年に「50階建てのビルの上から死んだ猫を投げたら、歩道に当たって跳ね返るかもしれない。ただ……それでも死んでいることに変わりはない」という発言から広まった。つまり、デッド・キャット・バウンスとは、下落していた金融資産の価格が、一時的に戻りを見せること。ただ、猫が死んでいるかどうかは簡単に分かるが、金融資産が死んでいるかどうかを見極めるのは驚くほど難しい。デッド・キャット・バウンスは、目覚ましい上昇への始まりかもしれないし、休止状態かもしれないし、みじめな下落の始まりかもしれない。

デフォルト【default】（名詞）

　債務不履行。借り手が破綻した途端に、借り手と貸し手の両方が互いを「非難」することとしても知られる。

デュー・デリジェンス【due diligence】（名詞）

　投資家が資金を投じる前に行うべき努力。事実を集め、常識を駆使して調べるのは大変なので、実行されないこともしばしばある。

　2007年に行われた**洗練された投資家**を対象とした調査によれば、多くが直観でファンドマネジャーを選んでおり、経歴を調べたり、ファンドの財務諸表を分析したりしないばかりか、ファンドの目論見書すら読まずに何百万ドルもの小切手を切ると答えていた。

　この調査から2～3カ月後に、バーナード・マドフの**出資金詐欺**が

発覚し、「洗練された投資家」は以前よりもデュー・デリジェンスを行うようになったが、それも伸び伸び（overdue）になっている。

デリバティブ【derivative】（名詞）

ウォーレン・バフェットが、「金融の大量破壊兵器」と呼ぶもので、ほかの資産にリンクして、そこから価値を派生させる資産。**オプション**は**株**の価格の変動によって価値が生まれるデリバティブで、先物は**商品**や通貨のデリバティブ。スワップは、異なる金利や**指標**のデリバティブ。ただ、デリバティブは単なるツールであり、ナイフが治療にも殺人にも使えるように、デリバティブもリスクを管理することにも生み出すことにも使える。正しい人が正しいデリバティブを使えばリスクを減らして利益を増やすことができるが、正しく使えなければ、ポートフォリオを破壊しかねない。デリバティブと**レバレッジ**を合わせて使い方を誤れば、マーケット全体がメルトダウンの危機に瀕することになりかねない。

テレビ【television】（名詞）

情報を点滅する画像と雑音に変換する箱型または平面型の電子回路。ただし、金融関係以外の情報は無意味な言葉に変換され、金融関係の情報はノイズに変換される。

伝染【contagion】（名詞）

むき出しの感情（特に、恐れ）が、投資家間、マーケット間、時には世界中で伝染病のように広がること。治療方法は3つしか知られていない——時間と隔離と耳栓。

テン・バガー【ten-bagger】（名詞）

「**10塁打**」参照。

投機する【speculate】(動詞)

証券を使ったギャンブル。この皮肉は、保有している資産についてほとんど調べていないのに、自らを「投資家」と呼ぶ投機家には通じない。

投機とは通常、**より愚かな者**がいることを期待して、それまで「流行」していたものを買うことだが、この定義は、逆の賢明な投資家を見るとよく分かる。ベンジャミン・グレアムが1934年に『証券分析』(パンローリング) のなかで書いているとおり、「投資とは、徹底的な分析によって、元本の安全と満足のいくリターンを確保すること。その条件を満たさない活動は投機である」。

当局【regulator】(名詞)

羽のはたきを振り回して暴れる巨象を威嚇しようとする官僚。彼らは、銀行やヘッジファンド、証券会社、投資管理会社、金融関連のロビー団体などの将来の社員でもある (「**回転ドア**」参照)。

regulation (規制) という言葉は、金融の世界では1827年にはすでに使われていた。当時のニューヨーク州知事だったデウイット・クリントンは、州議会の年次教書演説で、1826年の**パニック**のような銀行危機を再び起こさないために、「一般的な規則は絶対に必要」と述べた。

規制は、巨大金融機関が定期的に顧客の何十億ドルもの富を破壊したり、世界経済を危険にさらしたりすることは阻止できないが、大企業と競争しようとする中小企業の足かせにはなっている。巨大金融会社のロビイストはそのことを、「公平な競争の場作り」と呼んでいる。

投資【invest】(動詞)

　金融資産に囲まれ、それをしっかりとつかんでおくこと。語源は「服」「着る」「ガウンにくるまれる」「囲む」「包む」などを意味するvestire。公的な威厳ある地位を授与されるときに名誉のガウンを着用する叙任式のinvestitureも同じ語源。しかし、たくさんの自称「投資家」が興奮してトレードしている様子に威厳はみじんもない。

> ★「私たちは間違いなく長期投資家です」と、一任運用ファンドに助言しているトロット・ギャロップ＆ラッシュでポートフォリオマネジャーを務めるヒューゴ・チャーナスは言った。「私たちは高頻度トレーダーと違って、株を何週間、ときには何カ月も保有しているのですから」

投資商品【investment product】(名詞)

　「**商品（プロダクト）**」参照。

投資信託【mutual fund】(名詞)

　相互に分けあう（mutual）わけではないファンド。投資家はすべてのリスクを平等に分け合っている一方、マネジャーは投資家全員の手数料を独占している。

トータルリターン【total return】(名詞)

　投資資産の全価値の変化。このなかには、市場価格の増減や、収益（例えば、**配当**や**利息**）などが含まれる。もし年率２％の配当がある資産が１年で３％上昇すれば、トータルリターンは５％になる。しかし、もし翌年に価格が３％下がれば、トータルリターンは－１％となる。もしあなたの**ファイナンシャルアドバイザー**が最初の年のトータルリターンは示しても、翌年については配当の話しかしないのならば、別のファイナンシャルアドバイザーを探したほうがよい。

ファイナンシャルアドバイザーやマネーマネジャーのなかには、パフォーマンスを**指標**と比較するときに自分のリターンには配当を含め、ベンチマークには含めない人がいる。それではトータルリターンが指標の部分的なリターンを上回っているにすぎないが、それでも彼らは**マーケットを打ち負か**すことに成功したと言ってはばからない。両方に配当を含めないかぎり、普通のリンゴと野生のリンゴを比べているようなこと。

独自開発のアルゴリズム【proprietary algorithms】（名詞）

表向きは運用に使われているが、顧客や潜在顧客をマヒさせるための公式。たいていは次のようなたぐい。

$$[([e \times R^2]/\Sigma i = n0)^2] \times P/b = e(R)$$

しかし、このようなアルゴリズムを数学的に書き直せば、簡単な式になる。

$$A \times f = p$$

この式のAは顧客の資産額、fは顧客が支払う手数料の比率、pは運用会社の（顧客のではない）総利益にすぎない。それ以外の項は運用とは無関係だが、これを解こうとすることで、運用会社の社員は手数料がたまるのを眺めながら時間をつぶすことができる。

ドッド・フランク法【Dodd-Frank Act】（名詞）

2010年に成立した金融法。金融機関が「大きすぎてつぶせない」状態になるのを阻止するためのものだが、長すぎて読めないし、複雑すぎて理解することも導入することもできない。

トップダウン【top-down】（形容詞）

マクロ経済学や地政学などの、企業やマーケットに影響を及ぼす外部の力を分析し、投資判断を下すこと。投資会社のトップダウンの見

方が一時的にでも利益につながれば、社員にベンツのオープンカーを買い与えることができ、社員はそれをトップダウンでドライブすれば成功を味わうことができる。もし顧客が提示されたトップダウン予想を妄信していたことに気づくことができれば、資産をボトムアップで再構築できるかもしれない。

富【wealth】（名詞）

心と頭の中だけにある資質。ほとんどの投資家は、銀行や証券会社の口座の残高で測るものだと誤解している。

ドライパウダー【dry powder】（名詞）

プライベートエクイティファンドで、買収資金として保有している現金。この例えが、樽に入ったダイナマイトパウダーと似ているのは、おそらく単なる偶然だろう。

「火薬樽の警護」（ハンス・ゼーバルド・ベーハム、版画、1510〜1550年ごろ、アムステルダム国立美術館）

トランシェ【tranche】（名詞・動詞）

特性や発行日などで分けた債務の階層。由来は「スライス」「分割」を意味するフランス語。トランシェによって支払い時期や、発行者の資産を請求できる強さや、利息が現金かそれ以外の形かなどが変わってくる。ケーキはどの一切れ（スライス）を食べてもたいていおいし

いが、債券で最も安全性が低いトランシェは、発行者の経営が悪化すると、後味がひどく悪い。2008年と2009年にはそのようなケースが数多くあった。

取締役会【board of directors】（名詞）

地位の高いビジネスパーソンのグループで、会社の方針や戦略を決めている。取締役会は、取り巻きやおべっか使い、追従者、だまされやすい人たちの無駄な集まりで、公正な見方をしていないことも多い。企業の方針や戦略を決めるには、相当な労力と調査が必要となる。そのため、彼らはその企業のCEO（最高経営責任者）と相当な回数ゴルフに行く必要がある。

取引所【bourse】（名詞）

取引が行われているビル、またはトレーダーが集まる場所。アムステルダムの商人の記述（1688年）を見ると、財布（袋）のようにトレーダーを囲い込む構造、またはみんなが自分の財布をいっぱいにしようとしている場所として描かれている。「財布という言葉はギリシャ語で外皮という意味で、みんなが皮を置いていく場所」。**証券取引所**と同義。フランスの取引所を意味するbourse、またはラテン語とギリシャ語の「財布」「袋」を意味するbursaの借入語で、元はワイン用革袋。それ以外に、かつて使われていた金融用語としてアルコールに関連する意味もある（「**ブローカー**」「**パニック**」参照）。

金融用語としては、ベルギーのブルッヘで使われるようになったとされている。この地では、1276年には、貴族のファン・デル・ブールス家がすでにホテルを経営していた。その同じ一角に、一族の所有する建物があり、正面の壁には先祖代々伝わる、3つのお金の袋［袋はラテン語のbursae］が描かれた紋章が彫刻されていた。トレードは、この建物の外の、紋章が見下ろす場所で行われていたため、この場所

はbursaと呼ばれるようになった。

　取引所と同じ語源を持つ言葉に、給費（bursar）や分配（disburse）があり、この2つには、医学用語でそれぞれ滑液包、滑液包炎という意味もある。滑液包炎もトレードを頻繁に繰り返すトレーダーも、原因は反復運動シンドロームの可能性があり、その意味では同じ悩みを抱えているのかもしれない。

「15世紀のブルッヘの取引所」（版画、フランドリア・イラストラータ、1641年、ゲント大学図書館）

取引所【exchange】（名詞）

「証券取引所」参照。

取引明細書【account statement】（名詞）

　銀行や証券会社や投資会社が発行する書類。「私のお金が灰と化したのはだれのせいか」などといった生意気な質問が出ないように、**顧客**が理解し難い内容にしている。残高と直近の取引くらいは分かるかもしれないが、普通に読みたければ暗号理論の博士号を修得したほうがよい。

ドルコスト平均法【dollar-cost averaging】（名詞）

　自動的に少しずつ投資していくこと。定期的に（多くは毎月）、一定額を投資信託やそのほかの資産に投資すること。この方法では、いつ、どれくらい買うかといった判断を排除することで、投資するときの感情の起伏もかなり排除できる――ただし、すべてではない。

偉大な投資家だったベンジャミン・グレアムが、1962年に次のように書いている。「このような方針は、どのような投資環境でも誠実に勇気を持って続けていれば、始めた時期に関係なく、いずれ効果が出る。ただ、これは簡単なことではない。ドルコスト平均法を実践できる人は、私たちとは違い、変動する株式市場において、舞い上がったり深く落ち込んだりしないで、投資を続けていかなければならない」。しかし、そんなことが本当にできるかどうかは「大いに疑問がある」とグレアムは結論づけている。

トレーラー【trailer】（名詞）

顧客が投資信託やそのほかの投資「商品」を売ったブローカーに支払う年間手数料。ブローカーはファンドを1回売れば、それを顧客が売却するまで、トレーラー（またはトレーリング手数料）として、毎年0.25〜1％程度を受け取ることができる。これは、売却後にブローカーが一言も「助言」しなくても、支払われる。

★「最近、トレーラー手数料を理解しない顧客がいたので、説明したよ」と言うのは、カリフォルニア州ダンスタウンにある資産運用会社のファイン＆シーマスでファイナンシャルアドバイザーを務めるシーザー・バックス。彼はカタリナ湾のボートのなかで続けた。「これは当社の助言に対するほんの少額の対価だと説明したら、納得してくれたよ」

トレンド【trend】（名詞）

市場価格の継続的な流れのなかの、直近のくねくねした線やぴくぴくした線。多くのオンライン証券会社は、顧客に「トレンド」を探し、それを使ってトレードするよう勧めている。

いくつかの連続するくねくねが上に向かえば、マーケットは「上昇トレンド」にあると言われるが、それもくねくねのいくつかが続けて

下がるまでのこと(いつそうなってもおかしくない)。もしいくつかのぴくぴくが下げれば、マーケットは「下降トレンド」にあると言われるが、それもぴくぴくのいくつかが続けて上げるまでのこと(いつそうなってもおかしくない)。

　トレンドが長く続くことはほとんどない。そして、トレンドを利用して儲けを狙うアマチュアトレーダーが長く生き延びることもほとんどない。

トレンドフォロー【trend-following】(動詞)
　トレンドを追いかけて利益を上げようとすること。もしトレンドを見つける信頼できる方法があれば、それを予測(anticipate)するほうが、追いかけるよりも良くないだろうか。しかし、「トレンド予測」という言葉はウォール街の用語集に載っていない。そのこと自体がメッセージなのかもしれない。

トレンドライン【trendline】(名詞)
　テクニカルアナリストが描く斜めの線。彼らは、この線がそれまでの価格の方向だけでなく、この先の方向も示していると信じている。しかし、もし価格が別の方向に向かえば、彼らは新しいトレンドラインを引き直す。チャートを常に最新の状態にしておかなければならないテクニカルアナリストは、当然ながら非常に忙しい。

　　★「このトレンドラインが有効な間は、ブル相場はまだ続く余地があると考えています」と言うのは、ニューヨーク州バビロンにある証券会社のチャンス・ギャンブル＆ロールでテクニカルアナリストを務めるレッド・ヘリングだ。「当社では、このトレンドラインがこのまま続く可能性が高いと読んでいます」

と

ドローダウン 【drawdown】（名詞）

　一定期間（1カ月、四半期、1年など）における最高値と最安値の差で表した損失。「最大ドローダウン」とは、期間内の最大の損失のこと —— 今のところは。

　過去にどれくらいの損失が出たかを知っておけば、将来の損失をおおまかに予想できるが、次が特大のドローダウンになる可能性は常にある。住宅所有者が長年の経験から、実際の修復費用が業者の見積もりの倍になるということを知っているように、投資家も損失が過去の最高ドローダウンの倍になっても耐えることができるかどうかを、投資を実行する前に自問すべき。

内部情報(インサイド情報)【inside information】(名詞)

　あなたを刑務所に送ることになるかもしれない情報。しかし、もしあなたがヘッジファンドで働いているのならば、発覚するまでに何年もかかるかもしれないし、その間に数百万ドルをどこかに隠すことができる。内部情報の法的な意味は非常に幅広く、正確に分かる人は、裁判官、法学者、当局を含めてだれもいない。

　★本日、マンハッタンにある連邦地方裁判所で行われているインサイダー取引の裁判で、連邦検事がヘッジファンドのアナリストを厳しく追及した。このアナリストは、クローンの新技術を開発しているクワドループル・ヒリックス社の株を、決算発表日の午後、発表よりも前に、同社のCFO(最高財務責任者)の妻との電話を終えてから15秒以内というタイミングで10万株買っていた。アナリストが「私たちは内部情報を交換していません」と証言すると、ヘッジファンド運用会社であるベントレー・ランボルギーニ&ロールスのアイバン・エンゲルも言った。「なんてことだ。友人と好きなときにゴルフのスコアの話をしてもいけないんですか」

投げ売り【fire sale】(名詞・形容詞)

　少し前に激しく欲した資産を、捨て値で売ること。

ならず者トレーダー【rogue trader】(名詞)

　許容されているリスクを追求して、許容されていない損失を被る大

銀行のトレーダー。このような出来事は、秩序がまひするなかで繰り返され、何億ドル、何十億ドルといった損失を計上することになる。なぜ、銀行はこれを許容してしまうのだろうか。ある大手投資銀行のトップが、銀行を訪れた人にトレーディングフロアを見せながら次のように話した。「ここには500人のトレーダーがいます。このなかにならず者がいるのは分かっていますが、もしそのならず者をやめさせれば、ほかの499人も限界すれすれまで挑戦するのをやめてしまいます。しかし、それでは会社はやっていけません」

ナンピンする【averaging down】（動詞）

値下がりが続く株や資産を買うこと。同じ資産を倍の価格で買って無一文になった投機家の多くは、これを冷笑する。しかし、**安全域**を考えれば、価格が下げるほどそれを買うべき。要するに、安く買うことができる。

ニフティフィフティ【nifty fifty】（名詞）

　どこまでも成長する可能性があると考えられていた銘柄群。投資家は、それを買うためならば、いくら出してもよいと思っていた。

　1970年代初めに、モルガン・ギャランティー・トラスト・カンパニーが、顧客が株価に関係なく買って、ある程度の期間保有できる株のリストを作成した。大企業で、安定しており、成長も速いこれらの銘柄は、「ニフティフィフティ」として知られるようになった。そのあとも、さまざまな時期に同じような銘柄が、グラマー株、**宗教株**、ワン・ディシジョン株、ファンシー株などとして人気を博した。

　1972年末、ニフティフィフティの平均的な株は利益の42倍でトレードされていた。同じ時期のマーケット全体の**PER**（株価収益率）は19倍だったので、ニフティフィフティの株はマーケットの倍以上高く評価されていたことになる。しかも、なかには高いどころか法外な株価になっていたものもあった。ポラロイドのPERは91倍、エーボン・プロダクツは65倍、ゼロックスは49倍だった。

　ニフティフィフティのなかには、コカ・コーラ、ゼネラル・エレクトリック、IBM、ジョンソン・エンド・ジョンソン、プロクター・アンド・ギャンブル、3Mなど、今日の巨人企業も含まれていた。その一方で、リストから外れていった会社もあった。バロース、ディジタル・イクイップメント・コーポレーション、イーストマン・コダック、エマリー・エアー・フライト、ITT、S・S・クレスギ、MGICインベストメント、J・C・ペニー、ポラロイド、ジョセフ・シュリッツ・ブリューイング・カンパニーなど。

しかし、1974年にベア相場が底を打ったとき、ゼロックスは71％、エーボンは86％、ポラロイドは91％下落していた。

ニフティフィフティの株価は長い間非常に高かったため、将来どころか永遠に素晴らしいリターンが上がるかのように思われていた。ちなみに、2014年に投資会社のリサーチ・アフィリエーツが行った調査によると、1973年にニフティフィフティを買えば、それから36年間はマーケットを下回り、40年後の利益は年率約9.8％になるが、もしS&P500を買っていれば、利益は10.4％になっていたという。

ここでの教訓は、将来どれほど素晴らしい成果を上げるものでも、最初に高く買いすぎたら何にもならない、ということである。

ニューエコノミー【new economy】（名詞）

オールドエコノミーとまったく同じだが、唯一の違いは、より刺激的なこと。「ニューエコノミー」などといったミームは、怪しげな分析を簡単なキャッチフレーズに置き換えようとするもので危険。しかも、たいてい最悪のタイミングで急激に増殖する。例えば、FRB（連邦準備制度理事会）のアラン・グリーンスパン元議長は、1998年末のスピーチで、「ニューエコノミー」が到来したと思われると語った。そして、その1年半後、彼が指摘した株式市場のバブルは崩壊した。

「ニューエコノミー」は、投資家に「**新時代**」を宣言するための口実。

もし「ニューエコノミー」を理由にして大きなリスクをとらせようとする人がいたら、次の言葉を思い出してほしい。「ニューはとても古い言葉。最古と言ってもよいかもしれない」。これは、フランスの賢くて偉大な画家であるウジェーヌ・ドラクロワが1850年6月8日の日記に書いた箴言。

ニュース【news】（名詞）

雑音のこと。混沌とした音。投資資産の価格が動く理由。トレーダ

「ニューヨーク・デイリー・インベストメント・ニュース紙の第1面——『株式市場は危機を脱した』」（1929年10月25日、アメリカ金融博物館）

ーにとって不可欠なもの。投資家の致命傷となることが多い。

　コーヒーショップで新聞がよく読まれるという習慣が、アムステルダムとロンドンで始まったのは偶然ではない。かつて、これらの土地では、カフェインを採りすぎたブローカーの一群が、港に到着したばかりの船の情報や、その船がもたらす情報を一刻も早く得ようと待ち構えていたのだ。

　1980年代に心理学者のポール・アンドリーセンが行った一連の素晴らしい実験によると、自分のポートフォリオで保有している銘柄に関するニュースを頻繁に得ている投資家は、ほとんどニュースを見ていない投資家よりも平均約20％多くトレードし、利益は半分以下だった。

　ニューヨーク・デイリー・インベストメント・ニュース紙の典型的な第1面記事を見ても分かるとおり、金融市場の最新情報を知っておくことと、これから起こることを知っておくことは同じでない。

　情報に精通し、世界への関心を深めていかないかぎり、投資家として成功する望みはない。しかし、知的な投資家でも、ニュースを毎日、刻一刻と追いかけたい衝動に負けてしまう。金融ニュースは太陽光の

ようなもので、ほどよい量は不可欠だが、過度に浴びれば危険だし、致命傷にもなりかねない。

ニュースレター【newsletter】（名詞）

　新しいニュース（news）は書かれていないが、たくさんの文字（letter）で書かれている出版物。これらの文字が単語になり、金融資産のリターンを予想できると主張すると、購読者は購読料以上の満足を得ることが多い。しかし、199ドルもの購読料を支払った人は、少なくとも199ドル分貧乏になり、500ドルもの購読料を支払えば、500ドル分貧乏になる。

忍耐【patience】（名詞）

　カタツムリや亀といった下等生物ですら持っているが、金融資産に投資している人間にはほとんど見られないまれな性質。

　金融資産を売買すると、必ずトレードコストが発生し、たいていは税金もかかる。トレード回数が増えると、投資家の利益が減ることはさまざまな研究で繰り返し証明されている。しかし、すぐに儲けたいという衝動があまりにも大きいため、高い規律を持った投資家だけが目的

「忍耐」（ハンス・セバルト・ベーハム、版画、1540年、アムステルダム国立美術館）

を達成するために必要な忍耐を培うことができる。そして、それ以外の人はすぐに貧乏になる。ラルフ・ワルド・エマソンは『プルーデンス（忍耐）』（Prudence）と題した随筆のなかで、こう書いている。「もしミツバチの巣を愚か者があわてて開けようとしたら、ハチミツを得る代わりにハチに襲われることになる」

ね

年金【annuity】(名詞)

　語源はラテン語で毎年を意味するannuus。毎年、定期的な収入を、売り手は必ず受け取り、買い手はたいてい受け取ることができる投資。

年次報告書【annual report】(名詞)

　企業の財務状況を示すために毎年作成される冊子で、光沢紙を使って社員や顧客の笑顔の写真やその企業の製品やサービスの輝くようなイメージを掲載している。ただ、多くのページを割く財務情報は、できるかぎりあいまいで分かりにくくしてある。年次報告書よりも、それをさらに詳細にした10Kのほうが役に立つ。不正会計をどのように隠そうとしているかは、注釈に記されていることが多い。

　フィデリティ・マゼラン・ファンドの名高いファンドマネジャーだったピーター・リンチは、次のように書いている。「多くの年次報告書がゴミ箱行きになるのは当然です。光沢紙に描かれた文章はまだ解読できますが、ほとんど役に立ちません。そして、大事なはずの後半の数字は理解不能です」

　19世紀には、社則によって外部者は株主でさえ財務諸表を見ることを禁じることができた。NYSE(ニューヨーク証券取引所)も、1933年まで上場会社に財務諸表の外部監査を義務付けてはいなかった。会社が事実を隠ぺいしてきた歴史は、開示してきた歴史よりもはるかに長く、投資家にとって不透明な年次報告書は驚くべきことではない。

ノミ屋（バケツショップ）【bucket shop】（名詞）

　風説の流布によって投資家をだまし、押し売りする証券会社。不正の階層としては、**ボイラールーム**の一段下。

　この言葉は1820年ごろのイギリスで、町の浮浪児が空になって捨てられたビール樽を集めていたことに由来すると言われている。彼らは、バケツに残ったビールを飲んだり、廃業した店舗の店先で割安で売ったりしていたことから、「バケツショップ」と呼ばれるようになった。別の説としては、19世紀のシカゴの商品取引所が小麦やそのほかの穀物の取引を最低5000ブッシェルからと定めたため、小さい単位でトレードしたい人たちは、1枚を小分けして売っていた投機家の「バケツ」から買うしかなかったから、とも言われている。

　19世紀末から20世紀の初めにかけて、アメリカではノミ屋が株式市場や商品市場の代替市場として機能し、主要な取引所でトレードできない個人投機家の需要に応えていた。電報や**ティッカー**が普及したあと1877年ごろにできたノミ屋では、ウエスタン・ユニオンやそのほかの通信会社から電報の専用線を引き、豪華な事務所で株価や商品価格が瞬時に表示されるようになっていた。

　ちなみに、ここで表示されていたのは実際の価格だったが、取引は違った。ノミ屋は顧客の注文を取引所に取り次いではいなかったのだ。その代わりに、顧客は証拠金をカタにノミ屋から借金をして、株価や商品が上げるか下げるかに賭けていた。この賭けの相手はすべて胴元だった。

　株価の賭けでノミ屋に勝つことなど不可能だったにもかかわらず、

これは非常に人気があった。1889年に、ニューヨーク・タイムズが全国のノミ屋の1日の出来高を100万株と予想していたが、これは当時のNYSE（ニューヨーク証券取引所）の出来高の4倍以上だった。
　連邦裁判所の一連の判決や各州の州法によって、従来のノミ屋は1915年ごろまでに消滅したが、起こりそうもないことや装備が整った胴元が行うギャンブルへの衝動がなくなることはなかったし、この先もそうだろう。今日の証券会社では、かつてと違い、顧客は本当にトレードできるようになっているが、その結果はあまり変わっていない。

は

パーマブル【permabull】（名詞）

　永遠にブル派に見えるアナリストやストラテジストやポートフォリオマネジャー。マーケットの下落が何年も続くと、パーマブルは降参してついにベア派に転向するが、彼らの思い（元の思い）はそのあと実現される。彼らはブル派を続けることが辛くなりすぎると、それまでのことを後悔するようになる。ちなみに、ベア相場は最後のブル派がタオルを投げた直後に終わる傾向がある。

パーマベア【permabear】（名詞）

　永遠にベア派に見えるアナリストやストラテジストやポートフォリオマネジャー。マーケットの上昇が何年も続くと、パーマベアは降参してついにブル派に転向するが、彼らの思い（元の思い）はそのあと実現される。彼らはベア派を続けることが辛くなりすぎると、それまでのことを後悔するようになる。ちなみに、ブル相場は最後のベア派がタオルを投げた直後に終わる傾向がある。

バイアスの掛かっている【biased】（形容詞）

　人間。

バイ・アンド・ホールドする【buy-and-hold】（動詞・形容詞）

　株などの資産に長くしがみつくこと。これを実行すると、実際と空想上のリスクやチャンスに応じて頻繁にトレードすることを勧める多くのマーケットの「専門家」は激怒する。バイ・アンド・ホールド投

資の最高の状態は驚くほど退屈。最悪なのは**ベア相場**の最中に、失敗したような気分になること。そのため、批評家はいつも「バイ・アンド・ホールドの時代はもう終わった」と宣言している。とはいえ、ほかの方法が長期的にうまくいったことを示す説得力のある証拠はない。もしバイ・アンド・ホールドが終わったのならば、何が終わっていないのだろうか。

ハイイールド債【high-yield bonds】（名詞）

「ジャンクボンド」参照。

買収【acquisition】（名詞）

ある会社が別の会社を割高な価格で買う取引。

ウォーレン・バフェットはかつて次のように書いている。「もしCEO（最高経営責任者）が熱中する買収が特別にバカげていたとしても、社内の部下や外部の顧問はそれを正当化するための予測を作成してしまいます。王様が裸だと知らされるのは物語のなかだけです」

配当【dividend】（名詞）

dividendは、数学で言えば、「別の数で割られる数」、あるいは分数の分子。金融では、会社の利益のなかから株主に支払われる割合。残り物のほんの一部。

配当落ち【ex-dividend】（形容詞）

以前の配当や、なくなった配当のことではない。配当落ち日以降に株や投資信託を買っても、次の**配当**を受け取ることができない、ということを示す言葉。

「X」参照。

配当利回り【dividend yield】(名詞)

会社の年間配当額を現在の株価で割った値。ウォール街には「人は乳を求めて牛を買い、利回りを求めて株を買う」という古い格言があるが、会社が経営難に陥って配当を削り、生き残るために現金を貯め込むと、利回りは下がるか、ゼロになる。そうなると、利回りのみを狙って株を買った投資家は、乳を出さないうえに、やせすぎて食肉にもならない牛を所有していることになる。

歯形捺印証書【indenture】(名詞)

語源は歯を意味するdentem。資金調達する債券発行者に課される義務と条件を規定する書類。近年では、ジャンクボンドの買い手が債権者の権利を強化（put teeth into、歯形を付ける）するはずの契約書（いつもではないが）が、まったく役に立たない（lacked bite、噛み合わない）ことに気づいたが、もう手遅れだった。

「マサチューセッツ湾債券の歯形捺印証書」(1777年、アメリカ金融博物館)

中世ヨーロッパでは、安全上の理由から、法的な契約や金融の契約の当事者は正副2通の書類を1枚の羊皮紙かベラム（上質羊皮紙）で作成するよう要求し、それを歯形のようなぎざぎざ線で切り離していた。偽造や条項の違法な変更を阻止するためだ。そして、議論になったり、契約が終了したりすると、2枚に分けた書類を突き合わせて「歯形」が完全に噛み合うことで、証書を認証していた。

このような歯形捺印証書の分け目は門歯のような形をしており、それは当事者に何かあれば噛みつかれることを示唆していたのかもしれない。しかし、時間の経過とともに、切り方は歯形らしさがなくなっていった。18世紀には切り口が緩い波型になり、19世紀後半にはそれ

もなくなった。そして、「歯形捺印証書」という名称だけが残り、噛みつかれることもほとんどなくなった。

端株【odd lot】（名詞）

100株未満の売買で、**一般投資家**よりも大きな単位でトレードする**スマートマネー**には昔から軽視されてきた。しかし、今日の端株トレードの主役は**機関投資家**になっている。これは、**アルゴ**が何千株もの注文を、当事者が判明する前に、小さなロットに分けて高速でトレードしようとするため。大口投資家の間で人気の株のなかには、端株のトレードが出来高の60％を超えるものもあり、トレード全体の少なくとも3％は、1株のトレードが占めている。

端株のトレードは、最近までマーケット参加者への報告義務がなかった。ところが、主要な証券取引所が、非公開データに特別料金を支払っている**高頻度トレード**会社に端株トレードの情報を売っていたため、長期投資家は高速トレード会社よりも不利だった。しかし、2013年12月に、SEC（証券取引委員会）はすべての端株トレードのマーケットへの報告を義務付けた。

機関投資家が実質的に新たな「端株トレーダー」なった今、だれが「スマートマネー」なのだろうか。

罰金【fine】（名詞・動詞）

金融の世界における、暴れ狂うオオカミの一軍を、髭を引っ張って止めようとするようなこと。非倫理的な行いや不適切な行いに対する罰は、将来、同様の行動を阻止するためのものだが、ウォール街における罰金は、消費税や高速料金と同じようにビジネスの通常コストの一部とみなされており、金額も何日分かの利益に相当する程度なので、あまり効果がない。fineの語源は、finish（終わる）やfinal（最後）などと同様、ラテン語のfinis（終わり）。しかし、ウォール街において、

罰金は終わりではなく始まりを示すことが多い。

★「アメリカの金融会社上位６社は、金融危機に関連して総額1280億ドルを超える罰金を支払いました」と語るのは、銀行業界第２位のエイキン・ペイン・ハーツ＆カンパニーのベラ・パウリングCEO（最高経営責任者）だ。「これは純利益の９カ月分を超える額です」。そして憤然として付け加えた。「私たちは間違いを犯し、教訓を得ました。政治家や当局や国民は、そろそろ報復をやめるべきです」

バックテストをする（検証する）【backtest】（動詞・名詞）

　知り得る範囲でどの投資やトレードテクニックがもっともうまく機能するかを判断するために、金融データベースをくまなく調べること。多くの資産運用会社はバックテストの結果を利用して、今、顧客から資金を引き出し、そして、将来、顧客を失望させる。

　バックテストは合法な場合もある。ただ、試乗しないで車を買ったり、内見しないで家を買ったりしないのと同様、過去のパフォーマンスが分からない投資手法に資金を預けるべきではない。しかし、「オーバーフィッティング（過剰なこじつけ）」をしたり、あいまいでバカげたテクニックを使ったり、特殊な環境下でバックテストをすれば、一定期間マーケットを上回る結果を得ることは難しいことではない。

　表と裏が同じ確率で出るコインを100万回投げる人たちをビデオで撮影することを想像してほしい。そのなかには運のみで表が10回続けて出る人が写っている確率はかなり高い。そこで、それが見つかるまで、数千時間分のビデオをチェックする。それが見つかったら、再生速度を落としてじっくりと観察し、どんなことでもよいからその人とほかの人のコイン投げの違う点を探す。

　そして、何らかの「相関」を見つけたら、顧客に、コイン投げを100万回観察した結果、確実に表を出す秘訣を解明したと伝える。そ

して、まずビデオのなかで何人かの人が表と裏が不規則に出て失望している様子を見せる。そのあとで、10回連続で表が出た部分だけを得意げに見せる。「彼の手首を見てください。最初に投げる直前にひねりを入れているのが分かりますか。それが連続で表を出す決め手なのです」

これを見た人たちは大金を差し出す。

しかし、バックテストで発見したと主張していることは、統計的偶然にすぎない。サンプル（顧客に見せた10連続で表）は存在しても、それは母集団（現実に起こっている全体的な結果）ではないからだ。この勧め方は、顧客が**代表性**——短期的なサンプルデータが長期的な結果を予測するものであるという認知的幻想——を信じることを当てにしている。ちなみに、短期のサンプルが鮮明で予想外であるほど、人はそれが長期的に繰り返されると信じやすくなる。

ファイナンシャルアドバイザーやマネーマネジャーに、素晴らしい「過去の」実績を見せられたときは、次のような質問をするとよい。「これはバックテストの結果ですか」「データはどれくらいあるのですか」「いつから実際の資金を投じてこの戦略で運用を始めたのですか」「それ以降、何か変更を加えましたか、なぜですか」「この戦略に決定するまでにいくつの戦略を試しましたか」（もし答えが6以上ならば疑ってかかるべき）。

過去から取り出したパフォーマンスについて厳しい質問をしなければ、将来、とんでもない損失を食らうことになる可能性が高い。

バックフィルする【backfill】（動詞）

ヘッジファンドの平均リターンを最大で年率4％程度ふくらませること。ファンドマネジャーにはリターンを報告する義務がなく、いくつでもファンドを立ち上げることができるため、彼らはうまくいくファンドができるまで待ってから、リターンを集計するデータサービス

にファンドの存在を報告するかどうかを決めることができる。つまり、ヘッジファンドの過去のリターンを追跡している**指標**は、データサービス会社から、結果の良かったファンドの運用開始からのパフォーマンスのみをバックフィル（事後報告）されることになる。そして、うまくいかなかったファンドのリターンが、データベースに報告されることはない。指標に良いリターンが追加され、悪いリターンが除外されると、平均パフォーマンスは、ヘッジファンドのリアルタイムのリターンよりも事後のほうが見栄えが良くなる。

もしコンサルタントやファイナンシャルアドバイザーから、特定分野の平均的なヘッジファンドが年間平均Ｘ％のリターンを上げたと言われたら、「それはバックフィルバイアスが掛かっていない数字ですか」と聞くとよい。もしファイナンシャルアドバイザーが質問の意味を理解できなければ、別のアドバイザーを探すべき。

「**生存者バイアス**」参照。

パックマンディフェンス【pac-man defense】（名詞）

敵対的な**株式公開買い付け**への対抗策で、買収される会社が買収する会社に買収をしかけること。短期的には前者は助かるが、長期的にはどちらも破綻する。昔のテレビゲームで、点滅する点が突然獰猛になって、行く手にあるものを食いつくしていくように、パックマンディフェンスでは買収の標的にされた会社が、大金を借り入れて買収側の株を買い進めていく。

ハト派【dove】（名詞）

これまでどのような対策も効果がなかったのに、利下げをすれば経済を活性化できると思っている中央銀行当局者。

「**タカ派**」参照。

バブル 【bubble】（名詞）

熱狂。終わって見れば非合理的でしかないもの、資産価値がとどまることを知らないほど上昇すること。熱気にあおられて、破裂する限界点まで押し上げられるブル相場。

この言葉は、1719〜1720年ごろにフランスのミシシッピ会社、イギリスのサウス・シー会社、そしてオランダのオランダ東インド会社などの株が数カ月で10倍になり、そのあと暴落したことを受けて生まれた言葉と考えられている。

しかし、実際の起源はもっと古い。バブルの動詞形は、ミシシッピ会社の事件よりも何十年も前のイギリスで、「ごまかす」「だます」という意味でよく使われていた。ダニエル・デフォーの「国会議員の株投機的選出に反対するフリーホールダーの嘆願」（1701年）というパンフレットのなかには、「何も知らない人たちをバブルさせよう」という文が出てくる。

一方、「バブル」の名詞形は、何かを奪われたり、だまし取られたりした人という意味だった。ジョージ・エサリッジによる王政復古期の喜劇『ザ・マン・オブ・モード（当世風の男）』（The Man of Mode、1676年）のなかでは、道楽者のドリマントが「本物の賭博師のようにすべてなくしてしまえ。奇策で逆転して再び大物のバブルをだますチャンスが巡ってくるまで」と助言している。

イギリスで最も古い共同資本会社（今日の株式上場会社）は、16世紀半ばにさかのぼる。その多くは、北米で新たに見つかった富を搾取するために設立されたものだった。

シェークスピアの『マクベス』（1607年）に出てくる一説も、これらの共同資本会社のにわか景気に発想を得たものだと言ってよいと思う。第1幕第3場で、3人の魔女「運命を繰る3姉妹」が予言を説明せずに消えてしまうと、バンクォーが「水に泡（バブル）が生じるように、大地にも泡があるとは。あの連中はそこから出てきたのだ。ど

こに消えていったのだろう」と叫ぶ。それにマクベスはこう答える。「空中に消えた、体が消えてしまった、吐息が風に消えるように。もっといてほしかった」

シェークスピアの言葉は、いつも複数の意味を含んでいるが、このセリフも客席の商人の自虐的な笑いを誘うために書かれたのかもしれない。彼らの多くが、アメリカの植民地に出資しようと共同資本会社バブルに投資していた。このなかには、1606年に「ジェームスタウン」に暫定的な「足場」を築いたバージニア会社も含まれており、マクベスは、その数カ月後に初演された。

オランダ人も「バブル」という言葉にはなじみがある（おそらくイギリスをまねしたと思われる）。バブルはwindhandel（風の取引）という言葉と深い関係がある。これはオランダ語で投機家が所有していない株を取引するという意味で、今日の**空売り**と通じるものがある（windhandelには、オプションや先物といったデリバティブのトレードも含まれている）。

株式市場に関する世界最古の本と言われている『コンフュジオン・ドウ・コンフュジオン（混乱のなかの混乱）』（Confusion de Confusiones、1688年）のなかで、ジョセフ・ペンソ・デ・ラ・ベガはアムステルダム証券取引所で空売り筋が使う戦略について書いている。「……彼らは、その日の株価よりも高い価格を提示する（価格を『つり上げる』）。そうすることで価格に影響を及ぼし、高く売って（空売りして）、最後に利益を手にしていたのである。神がアダムに命の息を吹き込んだように、ベア派は株価をふくらませて多くの人たちの命を奪う……」

このイメージ（空気で目いっぱい膨らませた価格）が、金融用語の「バブル」の語源なのかもしれない。

デ・ラ・ベガの本のなかで、バブルは文字どおり、株価に命を吹き込んでいる。スペイン出身のユダヤ人で、宗教指導者を目指したこと

もある彼は、ヘブライ語で「息」や「風」を意味するruachに「精神」「魂」などの意味があることを知っていたのかもしれない（これはほかの古代語も同じ。ギリシャ語で「魂」を意味するpneumaには、「息」「風」の意味もあるし、そのニュアンスは英語のpneumatic drill［空気ドリル］やpneumonia［肺炎］という言葉に残っている。そして、もちろんラテン語のanimaに由来するanimateも、人や物に命を吹き込むことを意味している）。

「道化師活動家」（「愚かごと絵とじ」より、1720年、エール大学ルイス・ウォルポール図書館）

いくつかのバブルがほぼ同時に膨らんでは破裂したことで、windhandelはよりスカトロ的な意味を持つようになった。1720年のオランダの明示的な版画「道化師活動家」または「ひょうきんな株トレーダー」は、証券ディーラーが投機を目論む人たちに向かって屁（breaking wind）をするという変わった方法で株を売っている様子を描いている。ブローカーのお尻から噴き出すガスのなかで、株券にしがみつく群衆の様子は、結局は手を出すのもバカバカしいものへの投資にぴったりの暗喩と言える。

　windhandelのこの品のない定義は、マクベスで魔女の3姉妹が音をたてて「風を送ってあげるよ……あたしも別の風を送ってやろう」という場面をすでに暗示していたのかもしれない。

　金融市場が誕生したのとほぼ同時に、人々はバブルが一瞬で活発な状態から悲惨な状態に変わることを理解していた。そして、近年では資産が割高になったと思えば、投資家はすぐ「バブル」という言葉を乱用する。ただ、バブルを確実に見つけ、うまく避けることは簡単ではないし、将来もそうだろう（簡単に見つかるのは、あとで振り返った場合だけ）。

　「後知恵バイアス」参照

パニック【panic】（名詞・動詞）

　群衆の間や、マーケット、地球全体で吹き荒れる伝染性の恐怖。恐ろしいほどたくさんの人たちが売りに走り、そのほかの少数の人たちは売るべきか迷う。昔から、パニックはセミのように約17年ごとに起こってきた——1819年、1837年、1857年、1873年、1893年、1907年など。しかし、20世紀に入ってからは頻度が下がり、新しい千年紀の始めに2回起こっただけ——2000〜2002年と2008〜2009年。

　言葉の由来は、古代ギリシャで牧草地や荒れ地に出没していた牧神パン。笑顔だが醜い顔にヤギの角と耳と毛むくじゃらの足を持つパン

は、羊と牛の神で、牧畜に笛を奏でていた。

　父親は、羊飼い、使者、外交、旅、交易、窃盗などの神であるヘルメス。そのことから、パニックとトレードの関係は交易が始まって以来、続いていることが分かる。

　パンの道楽のひとつは、森で怖がる妖精を追いかけまわすこと。古代ギリシャの美術品に描かれているパンは、たいてい酒の祭りバッカナリアでワインの神ディオニソスを伴っている。花瓶や彫刻には、パンがワイン用の革袋（bursa、**取引所**［bourse］の由来）を引っ張る様子が描かれており、ここからもパニックとトレードの関係が不変であることが分かる。

「保険衛生官としてウォール街からゴミを掃き出すパニック」（フランク・ベリュー、デイリー・グラフィック紙、1873年9月29日、米国議会図書館）

　パンの甘い音楽は、黄金に取りつかれたミダス王にも愛された。落ち着きがなく扱いにくいパンは、山の洞穴に潜み、昼は寝てすごし、変な時間に目覚めると牧場や森を駆けまわる。これは、現代のパニックがマーケットが最高潮に達するまで待ち伏せして一気に炸裂するのとよく似ている。

　また、いたずら好きで、言うことを聞かないパンは、森から突進して旅人を驚かせたり、都会で夜中に笛をキーキー、ギシギシと吹いて町の人をおびえさせたりしていた。「夜中に聞こえる奇怪な物音」を支配していた彼は、お化けやポルターガイストなど、人の心の奥に潜む恐怖を体現化した霊のたぐいの先駆者でもある。

ギリシャ人にとって、突然の強い恐怖はpanikos、つまり「パンによる」ものと呼ばれていた。今日、予想外の出来事に、パニックを起こした投資家が入り乱れて売りに走る様子は、古代の神にとってはあまりにも見慣れた光景なのかもしれない。

パンは多産の神でもあった。マーケットは、パニックが弱者を払拭して割安株が台頭してくると、将来の成長の舞台が整う。そして、パニックの叫び声が消えたころに、落ち着いた静かなマーケットが現れる。

価格が長期間上昇して、下落することなど起こり得ないように見えるころになると、パンは眠りから覚めて洞窟から飛び出し、得意の笛で恐怖の音色を鳴り響かせる。これまでもそうだったし、これからもそうだろう。

幅広い堀がある会社【wide-moat companies】（名詞）
「堀」参照。

パフォーマンス【performance】（名詞）
観客を楽しませ、出演者のエゴを満足させるための見世物。昔の投資業界が顧客のために利益を生み出そうとしていることを説明するときに、この言葉を選んだのは偶然でないことは間違いないだろう。残念ながら、観客が最も楽しいと感じるのは、彼らのポートフォリオが大金を失う直前。しかし、ファンドマネジャーのエゴが傷つく可能性は低い。

「トータルリターン」参照。

バル【baru】（名詞）
古代メソポタミアにおいて、生贄の羊の肝臓や肺の形から将来を予言していた神官のひとり。

「粘土で作られた羊の肝臓の模型」（バビロニア、紀元前1900〜1600年ごろ、大英博物館理事会）

バルは、入り組んだ構造の寺院にいて、そこには大英博物館に所蔵されているような粘土の模型があった。これらの模型は、羊の内臓の表面の模様を読み解くために使われていた。

もしバルの予言が当たらなければ、おそらく彼らは死んだ羊のせいにしたのだろう。現代版のメソポタミアのバルは、**テクニカルアナリスト**と呼ばれている。

パレイドリア【pareidolia】（名詞）

強迫観念にとらわれた人が、ランダムな出来事やイメージを意味のあるパターンやトレンドとして見る傾向。科学者のカール・セーガンは、パレイドリアとは、私たちの祖先が進化の過程で身に付けた能力で、見慣れたものを見分け、それを信じることで身を守っていたのではないかと述べている。この傾向は、今でも人の知覚を悩ませている。だからこそ、チーズトーストが聖母マリアに見えたり、火星の表面に運河が見えたり、山の斜面が老人の顔に見えたり、投資の過去のパフォーマンスが将来の結果を予測していると信じたりしてしまうのだ。

「山の老人」（エドウィン・A・チャールトン、『ニューハンプシャー・アズ・イット・イズ』より、1856年、大英図書館）

ハロー効果【halo effect】（名詞）

　判断を下すときに、ほかの要素よりも良い点（または悪い点）に目が向いてしまうこと。もしある企業の株価が大きく上昇すれば、その企業の経営陣には人間離れした能力があるように見える。例えば、2000年初めにシスコシステムズの株価がその前の10年から10万％以上上昇したとき、フォーチュン誌はCEO（最高経営責任者）のジョン・チェンバースを「世界で最も優れたCEO」と呼んだ。しかし、その１年後に株価が約80％下落すると、同誌は彼を「迫りくる崩壊の兆しに危険なほど気づいていない」と評した。同じ企業を経営する同じ人物が、株価が下がった途端にまったく別人になってしまったようだ。ハロー効果を避けるには、**チェックリスト**を使って対象の企業の要素を別個に検討するのもひとつの方法。

ハンドル【handle】（名詞）

　現実の世界で、ハンドルとは何かをしっかりと捕まえるという意味で用いられる――例えば、脇腹の肉（love handle）。ウォール街で用いられるハンドルとは、市場価格の整数部分。例えば、株価が30.48ドルならば、「30ハンドル」と呼ぶ。しかし、金融のハンドルは、捕まえようとした途端に指の間からこぼれ落ちてしまうことが多い。30ハンドルが、すぐに20ハンドルや10ハンドルに変わってしまうのだ。

販売手数料【sales load】（名詞）

　「ロード」参照。

ピアプレッシャー【peer pressure】（名詞）
「**群れ**」参照。

引き受ける【underwrite】（動詞）
　投資銀行が株や債券を発行会社から買ってすぐに一般投資家に転売すること。投資銀行は、その証券を何時間か単独で保有するリスクに対して通常、売り上げの最大７％程度の手数料を受け取る。引き受けるという言葉は、投資銀行のパートナーが個人的に資本を投じて、自らの名義でリスクを引き受ける趣旨の書類にサインする、というかつてあった習慣から来ている。引き受けのリスクは、この何百年かで下がったと思われるが、手数料はそのかぎりではない。

引受募集手数料【gross spread】（名詞）
　投資銀行が証券の引受業務で得る利益のうち、**手数料**として受け取る部分──たいてい全体の７％近くなり、文字どおり大きい（gross）。

非取引リート【non-traded REIT】（名詞）
　不動産を証券化したもの。投資家に高い収入を約束するが、実際にそれを享受するのはファイナンシャルアドバイザーのみ。このような不動産投資信託（**REIT**）の株は主要な証券取引所には上場されておらず、何年間もトレードされず、５％以上という一見高い利回りをもたらすが、それを販売するブローカーやファイナンシャルプランナーには７％以上の手数料が支払われる。

非取引リートはトレードされないため、短期的に変動することもある市場価格はない。そこで、この投資は**ボラティリティ**が低いと宣伝される。しかし、毎日トレードされていない証券はボラティリティが低いのではなく、値が付く頻度が低いだけだ。いずれトレードされたときに、埋もれていたリスクが、何年もの沈黙のあとに一気に噴き出すかもしれない。非取引リートを買った多くの投資家は、長年安定していると思っていた資産が突然80％以上下落していたことを知ることになる。資本のほとんどがなくなってしまえば、非取引リートの高い収益もなぐさめにはならない。

ブローカーやファイナンシャルプランナーはよく非取引リートは債券に似ているとか、債券の代替投資に適しているなどとほのめかす。しかし、ほとんどの債券は、満期に元本が100％償還されることが約束されている一方、多くの非取引リートにはそのような保証がない。

六連発銃でロシアンルーレットをすれば、平均して6回中5回は何も起こらない。しかし、そのことでロシアンルーレットが低ボラティリティだと思うならば、非取引リートを売る連中にとって、あなたは恰好の標的になる。

ビッグバス【big bath】（形容詞・名詞）

「キッチンシンク」参照。

ビッグ4【big four】（名詞）

監査法人。数は減り続けているが、利益は増え続けている。一方、顧客の利益は増え続けているとは言えない。また、顧客がビッグ4の監査に基づいて発行した株や債券に投資した人たちの利益も増え続けているとは言い難い。かつては「ビッグ5」として知られており、それ以前は「ビッグ6」、その前は「ビッグ8」だったが、今ではデロイト、アーンスト・アンド・ヤング、KMPG、プライスウォーターハ

ウスクーパースの4社。

「**監査人**」「**GAAP**」参照。

ビッグプロデューサー【big producer】（名詞）

　手数料の高い株のブローカーや保険代理店。ちなみに、この用語には間違いがある。手数料を生み出して（プロデュースして）いるのはブローカーや代理店ではなく、顧客の側。ブローカーたちはそれを回収しているだけ。

羊【sheep】（名詞）

「**ポートフォリオマネジャー**」参照。

ヒューリスティックス【heuristics】（名詞）

　アンカリング、**利用可能性**、**代表性**などといった心的ショートカットのことで、確率と統計的証拠に基づく分析ではなく、直感に基づいている。語源はギリシャ語で「見つけた」を意味するeureka。短期的には、ヒューリスティックスに基づいて投資した人が楽しめる。しかし、長期的には、統計に基づいて投資した人がすべての富を手に入れることになる。

ヒンデンブルグ・オーメン【Hindenburg omen】（名詞）

　テクニカル分析の指標で、過去3回のマーケットの暴落のうち約548回を予測した。52週高値を更新した銘柄数が、52週新安値を更新した銘柄数の2倍以内で、それぞれの銘柄数がその日値上がり・値下がりした銘柄の最低でも2.5％（2.2％、2.8％という人もいる）以上で、かつ、①全体の株価が10週間前を上回っている、②騰落銘柄数の19日指数移動平均が騰落銘柄数の39日指数移動平均よりも低い――という条件が重なった場合を指す。

ひ

　もしこれを一息で読むことができれば、海女か、ラジオのコマーシャルで自動車会社の免責事項を読み上げる人になれるかもしれない。
　この指標が、1937年に大爆発を起こした巨大飛行船の名前にちなんで名づけられた理由は不明。

「燃えるヒンデンブルグ号」（写真、1937年、米国海軍）

ヒント【tip】（名詞）
　tipとは海面に突き出たサメのヒレの先。視覚的な類似性から、マーケットが分かっているふりをしているか、操作しようとしている人が、うぶな投資家に伝えるうわさのこと。

ファイナンシャルアドバイザー【financial advisor】（名詞）

多くは賢く、勤勉で、有能で、誠実であろうとする人たちであり、その場合はお金には代えがたいサービスを提供している。しかし、なかには自分がビッグプロデューサーになることにしか関心がない人もいて、その場合、依頼者は大きな問題を抱えることになる。

ファットフィンガートレード【fat-finger trade】（名詞）

100万ドル単位の打ち間違い。大手銀行や証券会社のトレードデスクで、担当者がキーボードを打ち間違えて誤った注文を出してしまうこと。これによって、売りたいのに買ってしまったり、買いたいのに売ってしまったり、トレードする数量を間違えたり、証券の種類を間違ったりすること。

風説を流布する【pump and dump】（動詞・形容詞）

もし「チャンスを逸してしまう前に株を買え」と言われたら、その考え自体は理屈に合っている。ただし、その株は損をする前に素早く手放すこと。通常、そうしたことを言っている人は、風説を流布していると見て、間違いない。詐欺師は通常、1株当たり数セントのボロ株を数千株買って、ミスリードの報道や噂や大ウソによって過大に宣伝する。これがpump（ポンプ）の部分。そして、だまされた一般投資家が買うことによって価格が高騰すると、ピークに達したところで詐欺師は株を売り、宣伝もやめる。すると、価格は下落する。これがdump（放出）。

フォーカス、フォーカスファンド【focus、focused fund】（名詞）

「ベストアイデアファンド」参照。

フォーチュン【fortune】（名詞）

富。運。

どちらの意味も、語源はローマ神話の気まぐれで鎮まることのない変化の女神Fortuna（フォルトゥーナ）。過去2000年のほとんどにおいて、2つの意味は置き換え可能どころか、同じひとつの言葉だった。当時は、富はおおむね運によるもので、運は富の基質だ

「運命の輪」（フランス・オランダの彩色写本、15世紀初頭、大英図書館）

と考えられていた。つまり、お金は一時的なものとみなされていた。富はフォルトゥーナからの実質的なローンで、女神はその資産を好きなときに警告なしに取り返すことができる。そして、運命の輪は、生命の輪と区別することができない。

過去何百年もの間、フォーチュンは、女神自身の不安定なバランスを示唆する球かボールか気泡の上に立つ回転する車輪として描かれてきた。人の命、運、富は、フォルトゥーナとの駆け引きで、彼女は退屈したり怒ったりすると、輪を上へ、下へ、元いた場所へと回転させる。多くの芸術家は、女神の偉大な輪が左（ラテン語でsinistra）に4分の1回転すると悪意の判断が下されるとしていた。なかには、女神が回そうとしている輪に王がしがみついている作品もある。王はたいてい輪が上に向かう側で「私が支配していく」と叫んでいるが、輪の上に来ると「私が支配する」、輪が下がり始めると「私が支配していた」、そして一番下までくると、「私は支配できない」と変わっていく。現代、使われている「一回転して元に戻る」という慣用句は、運命に関するこのような見方の名残。

啓蒙思想が広がり、人間の理性の力をたたえるようになって初めて、人々は富を気まぐれな女神からのローンではなく、自ら「生み出す」ことができるものだと思えるようになった。しかし、1835年になっても、当時最も権力を握っていた資本家のネイサン・メイアー・ロスチャイルドでさえ、その言葉にはフォルトゥーナの影が見える。「莫大な富を築くには、相当大胆で、相当注意深くなければならない。そして、それらを維持するためには、その10倍の機転が必要だ」

　産業革命によってさまざまなものを得たり失ったりするなかで、人々はやっと運と富が同じものだという古くからの信仰から脱却することができた。そして、起業の精神が芽生え、思い上がりが蔓延した。多くの人が自分は富を築くことができると信じ、運がなければ富を築いたり維持したりすることはできないことを思い出す人は減っていった。

　フォーチュンという言葉の歴史的な意味に深く根付くこの教えを忘れた投資家は、自ら学習するしかない。彼らはおそらく自分の力で永遠の富を手に入れたのだと確信した直後に、それがどれほど短命で、どれほど運に左右されるものかということを痛感することになるだろう。

不確実性【uncertainty】（名詞）
　人の人生においても経済活動においても、最も基本的な事実。現実の世界で、不透明性はユビキタスだが、ウォール街には存在しない。
　「**確実性**」「**予見性**」参照。

不合理【irrational】（形容詞）
　自分以外の投資家を表現するときに使う言葉。

不動産投資信託【real-estate investment trust】（名詞、略語はREIT、発音は「リート」）

　商業不動産を所有する企業を集めて、賃料やほかの収入を**配当**として投資家に渡す商品。これらの支払いは魅力的だが、**REIT**は債券よりもリスクが高い。しかし、多くのブローカーやファイナンシャルアドバイザーは、当然ながらこれを「債券と同等」だと説明する。

富裕層投資家【high-net-worth investor】（名詞）

　HNWIと略されることも多く、これは理論的には、「ハニーポット」のように「ハニー」と発音すべき。ブローカーやファイナンシャルアドバイザー、ファンド会社、**ウエルスマネジャー**は、この言葉を手数料が噴き出してくる資産を持っている人という意味で使っている。

　「超富裕層投資家」（UHNWIと略され、発音は「ユー、ハニー」）は、年間手数料が数十万ドル、なかには数百万ドルに上ることが期待できる顧客のこと。

　富裕層向けサービスの契約金額は、最低で50万ドル、多ければ200万ドルから受け付け、超富裕層向けになると、500万〜1億ドルくらいが必要になる。ちなみに、数百万ドルの資産は、年間数万ドルの手数料を生む。

　彼らをただ「金持ち」と呼ぶだけでもいいが、それでは愚策で商売下手というもの。お金をくすねるならば、相手を裕福な会員制クラブのメンバーの気分にさせたほうがずっと簡単。

　★「当社が超富裕層のお客様に最高級のサービスを提供している、ということをお知らせしておかなければなりません」と、資産運用会社のマーカム・ケッチャム・ヨーカム＆バーナムでシニアパートナーを務めるリンカーン・タウンカーは言う。そして、「よろしければ、スペインのヘレスデラフロンテラにある当社のワイナリーで作った60年物のシェリーを一杯いかがですか」

と勧めると、目を輝かせて言った。「これはあなたのお酒と言っても過言ではありません」

プライベートエクイティファンド【private equity fund】（名詞）
　プライベート（非公開）だが、エクイティ（公平さ）がないファンド。会社からは巨額の手数料を搾り取り、投資家には平凡なリターンを提供する。これらのファンドは、数年前まではジャンクボンドを利用し、当時「レバレッジドバイアウト」と呼ばれていた手法で会社を買う「買収アーティスト」として知られていた。しかし、今では「ハイイールド債」を使って「株式非公開化取引」によって、「価値創造」を行っていると言われている。ただ、言葉は変わっても、内容も手数料（資産額の2％までと利益の20％）も変わっていない。ちなみに、レバレッジを使ってインデックスファンドを買っても、ほぼ同じリターンを得られるが、インデックスファンドでは「プライベートエクィテイ」にかかわったことを自慢できるという心理的なリターンは得られない。

プライムバンク【prime bank】（名詞）
　プライム（最高）でも、バンク（銀行）でもない金融上の虚構。多くはアメリカ以外に「拠点」があり、1カ月の利回りとして20％以上を「提示」する。このような提示は、通常オンラインのみで行われ、秘密主義を主張しつつも、複雑な投資技術と絶対的な安全性と政府保証が組み合わさった商品だと説明されている。しかし、高いリスクをとらずにマーケットの水準をはるかに超えるリターンが達成されることはけっしてない。つまり、プライムバンクとは詐欺のことなのである。

プラスの【plus】（形容詞）
　マイナスの。

投資信託やポートフォリオ戦略の名称に付いている「プラス」は、ほぼ必ず投資家のリターンから何かがマイナスになることを示している。しかも、販売会社には追加（プラスの）手数料を支払うことになる。例えば、「インカムプラス」ファンドの利益は、たいていインカム（利益）から損失分がマイナスされる。また、「インデックスプラス」ファンドは、たいていインデックスファンドのリターンから、それよりも大きなリスクをとったことに対する手数料がマイナスされる。

フラッシュクラッシュ【flash crash】（名詞）

金融市場がほぼ瞬時に激しく下落すること。もともとは、2010年5月6日に**高頻度トレード**を行う会社が急落する市場で注文を高速処理していった結果、マーケットが崩壊した出来事を指す言葉。ダウ平均は4分半で6％近い約600ポイント下げた。2〜3秒前の価格から上下60％以上離れた価格で2万件以上のトレードが執行され、史上最大級の激しい株価変動が起きた。なかには、直近の価格から99％も下げて売られた銘柄もあれば、1株10万ドルでトレードされた銘柄もあった。しかし、20分後には価格は元の水準に戻った。

実は、フラッシュクラッシュは2010年が最初ではない。1962年5月28日に、多くの株が12分以内に約10％下げ、ダウ平均はその日5.7％下げたのだ。そして、2010年がフラッシュクラッシュの最後でもないのは明らかだ。

プリント【print】（名詞）

コンセンサスや想像しただけの予測ではなく、実際の結果。ただ、金融の世界では当然、想像しただけの予測のほうが重視される。

ブル【bull】（名詞）

資産価格が上がると信じている人。この考えは、自分がたまたまそ

の資産を所有しているからという理由のみに基づいていることが多い。足を踏み鳴らす雄牛（ブル）には、価格が下げるかもしれないことを示唆する証拠はほとんど目に入らない（「**確証バイアス**」参照）。

　ブルという言葉は、ベアの反対語としてできたようだ。チャールズ・ジョンソンの喜劇『田舎の娘たち』（1714年、The Country Lasses）は、最も早くこの言葉を使った例のひとつ——「本当に必要なものを金や銀と交換するのではなく、ベアやブルと取引する」。また、コリー・シバーの劇『拒否』（1721年、The refusal）では、登場人物がすべての財産は株の投機で得たと説明している。「だんな、すべてのお金は、株とカメとブルとヒツジとベアとバブルで稼いだのさ」。ちなみに、当時のブルは、買い手のことではなく、上昇を期待して買った株のことを指している。

　一般的なイメージでは、雄牛（ブル）は穏やかな草食動物の群れを保護する動物で、怒らせないかぎり平和的な生き物だが、熊（ベア）は単独行動が多く、時に肉食にもなる。ブルは頭と角で物を下から持ち上げ、熊は鋭い爪で上から下に果物やハチミツを木からもぎ取る。この2つのタイプの動物の行動は、満ち足りた買い手の群衆と、暴れ回る破壊的な売り手の違いを象徴するようになった。

　しかし、この言葉は18世紀には少し違う意味で使われていた。1765年にロンドンで出版された『エブリ・マン・ヒーズ・オウン・ブローカー（だれにも自分のブローカーがいる）』（Every Man His Own Broker）の第6版で、法廷弁護士で投機家だったトーマス・モーティマーは次のように書いている。「ブルは不機嫌そうに家や会社の周りをうろつき、礼儀正しく質問をしても不愛想に答え、落胆し、ふさぎこんだり不機嫌になったりする様子は、呼び名を借りた動物に似てなくもない」

　ちなみに、モーティマーの描写は、頑健なブルが勢いよく「角で突き上げる」という一般的なイメージとはまったく矛盾している。実際、

ふ

　彼はさらにブルが「憂鬱で重苦しい空気をかもし出しながら、むっつりとだるそうに隅のほうにうずくまっている」とも書いており、これは「顔には貪欲さと獰猛さが表れている」ベアとはかなり違う。

　アメリカの株式市場の始まりは1790年代になってからだが、その用語はすぐに広まった。1805年1月31日には当時、下院議員だったジョン・ランドルフ（バージニア州選出）が議会でヤズーランド詐欺（投機家がジョージア州西部の土地をあり得ない価格で売却した事件）を非難した。被害者のなかには、連邦政府による補償を求めた人もおり、ランドルフは「株の買い手や売り手と同様、街角のブルやベアも、国家による補償を必要としています」と強く訴えた。

　1830年代になると、ブルとベアは一般的な言葉になり、1840年代には名詞としても動詞としても使われるようになった。例えば、株を「ブルにする」は投機家が株価をつり上げるための操作を画策することを意味した。

　フレドリック・ジャクソンの『ア・ウィーク・イン・ウォール・ストリート・バイ・ワン・フー・ノーズ（事情通のウォール街での一週間）』（A Week in Wall Street by One Who Knows、1841年）は、マーケットの2大人種をウイットを効かせてまとめている。「ベアは恰好悪く、株を持っていない（はぎとられた）人たちで、……ブルは自分の許容量を超える株を持ち、周りの人たちをつついて勧誘する人たち」

　1879年までに、ブルとベアはウォール街の投機を完全に擬人化した言葉になり、その様子を描いたウィリアム・ホルブルック・ベアードのウォール街の絵もその認識を後押しした。

フルクラム手数料【fulcrum fee】（名詞）

　投資会社の手数料体系のひとつで、あまりにも理にかなっているため、提案されることはない。これは、投資会社がマーケットを上回っ

たときに、下回ったときよりも高い手数料を顧客に請求すること。しかし、ほとんどの会社はパフォーマンスが素晴らしくてもひどくても、同じ割合の手数料を要求している。そして、それに同意する顧客はさらにおかしい。投資会社が将来のパフォーマンスに手数料を賭けていないのに、顧客はマネーマネジャーがマーケットを打ち負かすことに賭けているからだ。儲かるのはどちらの賭けのほうだろうか。

ブル相場【bull market】（名詞）

　価格が上昇している期間。この期間は多くの投資家が、自分のIQも（少なくとも自分のポートフォリオの市場価値が上がった分くらいは）上がったと勘違いする。しかし、必然的な下げに見舞われると、どちらの上昇も一時的なことだったと悟る。

　「ベア相場」参照。

ブルースカイ法【blue-sky law】（名詞）

　アメリカの特定の州で証券の販売を規制する法律。最初のブルースカイ法は1911年のカンザス州で、「価値のない株を売りつけるペテン師」にだまされる有権者が多いことにうんざりしていた銀行監督官のジョセフ・ドリーが尽力して成立した。彼は、疑っていない顧客にリスクの高い株を売り歩くのは、ペテン師が干ばつ期に農家を渡り歩いて「雨を降らせる」という触れ込みの白い液体を空（ブルースカイ）に向かって噴射して料金を取るのとあまり変わらないということで、この呼び名を付けた。

ブルーチップ【blue chip、blue-chip】（名詞・形容詞）

　幅広く保有されている大型株。カジノの最も高いチップが青だったことに由来する。ギャンブル用語がウォール街で使われるようになったのは自然なことで、投機家は昔から株を買うことを「賭けをする」

ふ

と言っていた。業界用語も予言的で、ブルーチップという分類が広く使われるようになった約3年後に1929年の株価大暴落が起こった。最も保守的な株でも、カジノ由来の呼び名が付くと、遠くない時期に暴落があるのかもしれない。

「エンロンの株券」(2002年、アメリカ金融博物館)

近年までブルーチップとされていたイーストマン・コダック、エンロン、ノーテル、シアーズ、ワコビア、ワシントン・ミューチュアル、ワールドコムなどは、どれも結局破綻した。ブルーチップのなかにも高貴なロイヤルブルーであり続ける銘柄もあるが、それ以外は株主の顔色を青くしたり、黒く(暗く)したりする。

プルーデントマンルール【prudent-man rule】(名詞)

思慮深い投資家の原則。他人のお金を運用するときに正しい判断を下すための法原理で、19世紀初めから変わっていない。ただ、思慮深い人を見つけるのは、かつてよりも難しくなっているように思える(「他人のお金」参照)。

1830年に、マサチューセッツ州最高裁判所のサミュエル・パットマン判事が下した判決で、受託者として投資するものは、「思慮深く、慎重に、知性を持って自分のことのように……収益のみならず、資本の安全性も考慮して投資を行わなければならない」としている。この裁判で、原告は投資信託の運用会社が、銀行**株**や国の**債券**といった「安全」なものにではなく、メーカーや保険会社の株に無謀な投資をした

と主張していた。判事は、「これまで議論してきたとおり、メーカーや保険会社の株は元本が危険にさらされるため、安全ではない。しかし、この反論は、銀行株にも該当する。……何をしても資本は危険にさらされる」とも記している。

　彼の趣旨をまとめると次のようになる。「投資は本質的にリスクがある。思慮深い人(プルーデントマン)の課題は、すべてのリスクを避けるのではなく、不要なリスクや報われないリスクを避けること。また、思慮深さとは、過去の証拠や注意深い分析に基づいて、正確な判断を下すこと。つまり、何をおいても安全性を追求することではない」

ブレイクポイント【breakpoint】(名詞)

　投資信託を買うときに、仲介するブローカーに支払う手数料の割引額。ブレイクポイントは、通常、限界点(投資家が手数料を支払うのが嫌になる水準)よりも少し安く設定される。ロード(販売手数料)がかかるファンドには、たいていブレイクポイントがある。投資家のなかには忍耐の限界点を感じない人もいるが、本当は感じるべきなのかもしれない。

プレートリッカー【plate-lickers】(名詞)

　金融業界の軽蔑語。退職者向けに行う証券会社の投資教育セミナーに出席してタダ飯は食べるのに、講師の話す内容が気に入らないと訳知り顔で拒否する人たち。

ブレス【breadth】(名詞)

　株式市場で、下落株の数が上昇株の数を上回っていることをbad breath(臭い息)と言う。このような金融の臭い息は、マーケット全体のさらなる下落を予想させるものと考えられているが、これが多く

の銘柄が下げているという明らかな事実以外のことを指している証拠はほとんどない。臭い息は、ブル相場が始まる直前に最悪の臭いを発することが多い。ちなみに、上昇株の数が下落株の数よりも多ければ、マーケットは良い息をする。

プロの【professional】（形容詞・名詞）

ウォール街では、他人のお金で素人のような行動をする人たちのこと。

ブローオフ【blow-off】（名詞）

突然の大商いを伴い、価格が高騰すること。マーケットが急落する前触れと考える人も多い。もしそのまま上昇が続けば、ブローオフは「ランナップ」（run up）に呼び方が変わり、それまで買いを控えるよう言われていた投資家が、今度はマーケットに付いていけなくなるまで買いを促される。かなりの投資家が素早く買うと、それがブローオフを生み、これを警告した学者は、やはり自分は正しかったと主張する。

ブローカー【broker】（形容詞）

broke（破産）の比較級。

名詞として使われる場合は、ブローカーと呼ばれる人たちが当てずっぽうを言うはずがないと勘違いしている人たちに、株や債券や投資信託やそのほかの資産を売買する連中。

ブローカーの初期の定義は、イギリスの辞書編集者のサミュエル・ジョンソンによる「交渉において、両方の当事者を欺こうとする交渉人」だとも言われている。

brokerの語源は、ラテン語で「スパイク」（先のとがったもの）を意味するbrocca。中世の英語では、少なくとも1305年にbrocheは「槍」

「串」を意味していた（この用法は服につけるブローチ［brooch］という言葉に残っている）。1377年ごろには、ウィリアム・ラングランドが『農夫ピアズの夢』（中央公論社）のなかの「綿織のへりを縫う」という文でbrocheを動詞として使っている。

　brocheは1440年にはワインやエール（醸造酒の一種）を樽から注ぐという意味になった。これは、現在のbroachの意味である「樽に口を開ける」「話をきり出す」にかなり近い。それから間もなく、酒の小売りをしている人たちのことを、brocheor、brokeor、brocour、brokour、broggerなどと呼ぶようになった。brocheorは、客と製品の間に立ち、樽から取り出したお酒の流れを調整していたが、これは現代のブローカーが資本の流れの一部を吸い取っているのと似ている。あまり衛生的でなかった時代に、アルコールは安全に飲める数少ない飲料だった。そのため、brocheorは不可欠な仕事であり、報酬もかなり多かったと想像できる。

　もしかしたら、同じ樽から何回も酒を注ぐことができたことから、broggerは、たくさんあるものの一部を頻繁に公開したり交換したりする代理業者を表すようになったのかもしれない。1550年までには、王室が「broggerを除き、同一のものを再度売買してはならない」というお触れを出した。

　そして、ついに16世紀末に、この言葉は金融市場でも使われるようになった。ある年代記編者が1592年に次のように書いている。「今はもうないが、ロンドンにブローキング、またはブロギングと呼ばれる仕事があり、高利貸しがはびこるなかで、法律をすり抜け、お金をだまし取っていた」

　ブローカーの由来が、もともとアルコール販売の仲介業務（brokerage）だったことが完全に忘れ去られていたわけではない。17世紀から18世紀初めの金儲けに突き進む連中の様子を見れば、飲んだくれて放蕩する人たちの姿が浮かんでくるからだ。シェークスピアの『ジョ

ン王』(1596年ごろ)では、私利私欲を「売春婦やブローカー」と同じだと言っている。また、ブローキングは「血に染まった」「いまいましい」などと似た緩い罵りの言葉としても使われている。1592年、ある作家は「まるでブローキングの悪党のような」行動を非難し、1606年には別の作家が「ブローキングなどという奴は軽蔑する」というセリフを書いている。

「直近のニュースでトレードするブローカーたち」(ニューヨークの場外取引所、写真、1900年ごろ、アメリカ金融博物館)

今日では、ブローカーという言葉の語源を知っている投資家はほとんどいないが、その起源が中世に液体の富の栓を空ける（もしかしたら流出させる）人だということを頭に入れておく価値はあると思う。
「株式ブローカー」参照。

プロップ投資信託【proprietary mutual funds】（名詞）
運用会社が販売するファンドで、ウォール街では**潜在的利益相反**と呼ばれている。もしこの会社のブローカーが自分の会社のファンドばかりを販売し、それが会社の利益にはなっても顧客の利益にはなっていなければ、利益が相反するからだ。会社側はそのようなことはけっして起こらない、と言うが、顧客がそれに同意するとは限らない。

プロップトレード【prop trading】（名詞）
proprietary tradingの略語。銀行や証券会社が、顧客の資金ではなく、自己資金で金融資産を売買すること。proprietaryは所有者という意味で、表向きは金融機関が所有する資金を使っている。ただ、実質的に銀行や証券会社が所有しているのは常に利益が出ているトレードのみ。もし彼らが大金を失って、政府に**救済**されることになれば、プロップトレードの所有者は納税者ということになる。

自己勘定での負けトレードが、結局は**他人のお金**での損失にすぎない一方で、勝ちトレードは自己の利益になる、ということをトレーダーが知れば、避けられるかもしれない無謀なリスクを進んでとるかもしれない。ちなみに、エコノミストはこれを「モラルハザード」と呼び、自己勘定トレーダーは「表ならば私の勝ち、裏ならばあなたの負け」と称している。

プロフォーマ【pro forma】（形容詞）
語源はラテン語で、「形式上の」という意味。現実の世界では、形

だけ行動すること。ウォール街では、さまざまな動きを指す。例えば、株の魅力が下がるような経費を付け替えるといった、不都合な事実を払拭するための手段など。

★昨日のアナリストとの電話会議で、猫用トイレをネット販売しているクリックンキティー・ドット・コムの幹部は、四半期の損失が９億8400万ドルだったにもかかわらず陽気だった。CFO（最高財務責任者）のセルマ・ソーウェルによれば、「リストラコストや買収コスト、報酬費を考慮すると、当社のプロフォーマ利益は２億0300万ドルで、前年比97％です。投資家はここに注目すべきです」。

プロプリエタリートレード【proprietary trading】（名詞）

「プロップトレード」参照。

分散する【diversify】（動詞）

　安全なポートフォリオにするため、リスクとリターンが相殺するさまざまな投資資産を保有すること。しかし、ほとんどの投資家は、多様な（di-vers-ify）資産を保有するのではなく、最近上がっている資産をたくさん買いこんでポートフォリオをより危険にするという２倍悪い（di-worse-ify）ことをしてしまう。もし保有する資産がすべて一緒に上昇するのならば、それらは**相関**が高く、下げるときも一緒になる。diversifyの語源はラテン語で「違えること」を意味するdiversificare。分散されたポートフォリオには、時によって良い気分になる資産と悪い気分になる資産の両方が入っていなければならない。

ベア【bear】(名詞)

　資産価格が下落するほうに、高リスクの賭けをする投機家。価格が上がるほうに高リスクの賭けをする**ブル**の逆。

　ロンドンの株式市場で18世紀初めに生まれた言葉と言われている。1709年7月7日のタトラー紙には、社主のリチャード・スティール卿が次のような記事を書いている。「高潔な紳士である大佐が……別の将校の『ベア』を買った。……しかし、その将校がベアを売ったことが噂になると、極めて高潔な大佐は……その将校を詐欺師、悪党、熊の皮を着た輩などと罵った。……実際の価値を架空のものを使って保証しようとすることを、ベアを売るという……」

　ちなみに、ベアは最初、売り手ではなく売却した資産のことを指していた。現在、ベアとか**ショート**(空売り筋)と言われている人たちは、当時は熊の皮を着た人、または熊の皮を着たブローカーと呼ばれていた。

　かつての「熊を捕まえる前に熊の毛皮を売る」という格言は、投機家があとで安く買い戻せることに賭け、借りた株を売るという取引を適切に表現している。

　1765年に発行された『エブリ・マン・ヒズ・オウン・ブローカ　(だれにも自分のブローカーがいる)』(Every Man His Own Broker)に、ロンドンの法廷弁護士だったトーマス・モーティマーはベアについて次のように書いている。

> いつも急いでいて、常に警戒と驚きと意欲が入り混じった表情を浮かべていて、欲のために悪いニュースの最低限の報告を飲み

込み、株価が望みどおり変化（下落）したら安く買い戻し、有利に手仕舞うことにつながる企てや不幸を喜び、……見かけは貧相でやつれ、顔には貪欲さと獰猛さが表れており、……裏通りに迷い込んだ人を根拠のない恐れ（とウソの噂）という強力な武器で襲い、自分が買いたい資産からみんなを追い払う。

　ベアは絶滅危惧種のように見えることもあるが、実際には冬眠しているだけ。その間、ほかの投資家は自分自身が生き残れるかどうかを恐れるべき。

　「ショート」参照。

ヘアカット【haircut】（名詞）

　少し切るだけのこともあれば、頭皮に達することもある。投資資産の報告されている**価値**と、売却か再評価を迫られたとき（先に起こったほう）の**価格**との差。

ベア相場【bear market】（名詞）

　価格が下落して、高いうちに売らなかった自分の愚かさを考えることすらできない状態。しかし、むしろ買い進めるべきことを示すサインであることが多い。価格が下げている時期は、必然的に上昇時期のお膳立てをしている（「ブル相場」参照）。

　通常、ベア相場の始まりは、平均株価や指標が最低20％下落したときとされている。しかし、正式な定義や分岐点はない。ウォール街の現実とは、単なる認知された状態にすぎないことを忘れてはならない。

平均への回帰【regression to the mean、reversion to the mean】（名詞）

　平均以上の結果が出たあとは平均以下の結果が出たり、極めて悪い結果のあとは極めて良い結果が出たりすることが多い傾向。金融物理

学で最大の力。

　結局のところ、人間の試みにおける基本的な構成要素は運。偉大なバリュー投資家だったベンジャミン・グレアムは、平均への回帰を「埋め合わせの法則」と呼んでいた。ちなみに、埋め合わせ（compensation）の語源はラテン語で「釣り合わせる」「別の方向にスイングする」という意味のcompensare。

　ただ、いつ、どれくらい平均まで戻るかを正確に予想するのは難しい。しかし、運が重要な役割を担う分野ならば、遅かれ早かれ必ず平均に向かう。ところが、経営者やアナリストや投資家はそれを無視して、上り詰めると有頂天になり（本来は、将来の下落に備えて保守的になるべき時期）、どん底では悲観的になる（本来は近い将来の回復に向けて積極的になるべきとき）。最盛期の企業は、大金を使って事業を拡大し、アナリストはその成長率が遠い将来まで続くと予想し、投資家はそれに便乗するために法外な金額を支払う。一方、どん底の企業はすぐに成果が出ない事業を切り捨て、アナリストはこの先も経営は委縮すると予想し、投資家は破綻が近いと結論付ける。そのため、一般大衆は、極端な出来事が起こると、次はさらに極端になるほうに賭ける（反対方向ではなく）。また、群衆が平均への回帰を予想せず、それを無視することで、回帰の効果はより厳しいものになる。

ベイルアウト【bailout】（名詞）、【bail out】（動詞）

　「**救済**」参照。

ベーシスポイント【basis point】（名詞）

　１％の100分の１、または全体の１万分の１。取るに足らない割合なので、資産の２〜３ベーシスポイント（BPS）程度をよく働くウォール街の連中に出し渋る人はいない。しかし、１万分の２〜３に何十億ドルか（ポンドやユーロ、カントロー［スタートレックで使われる

へ

通貨］でもかまわない）を掛け合わせると、相当な額になる。例えば、10億ドルの50ベーシスポイントは500万ドル。

★「当社の管理手数料はわずか50ベーシスポイントです」と、ミシガン州グロスポイントにある投資会社のカクス・キャッシュ＆レフトでポートフォリオマネジャーを務めるフィル・D・ホッパーは言った。「当社のサービスを考えたら非常にお得です」

この銀行の駐車場にとめてあるマセラティのナンバープレートが「50BPS」になっている理由を聞かれると、彼はあわてて咳ばらいをしてからこう答えた。「あれは、私が最初に買ったモデムの通信速度が1秒当たり50ボー（50 bauds per second）ということですよ」

ベータ【beta】（名詞）

ある投資のリターンと、それを含むマーケット指標のリターンとの感度。例えば、ベータ値が1.0ならば、指標が10％上がれば10％の利益が上がり、指標が10％下げれば10％の損失が出る。もしベータ値が1.5ならば、指標が10％上げると15％の利益が上がり、指標が10％下げれば15％の損失が出る。また、ベータ値が0.75ならば、マーケットが10％上げたときの利益は7.5％になる。従来、ベータ値が高い株は高リスク高リターンだと言われてきたが、実際はリスクについてはそうでも、リターンについてはかなり控えめ。

ベストアイデアファンド【best-ideas fund】（名詞）

ファンドマネジャーのお気に入りの株だけを保有する投資信託やヘッジファンド。普通のファンドは、マネジャーがあまり気に入らない株も多数保有しているのとは対照的。ベストアイデア型のポートフォリオマネジャーがマーケットを上回るパフォーマンスを上げているケ

ースもわずかにはあるが、ベストアイデアのほうが優れた投資方法だという確証はない。ベストアイデアファンドを買うかどうか検討しているならば、疑ってかかることがベストアイデア。

ヘッジファンド【hedge fund】（名詞）

　高額で、排他的なファンド。数は何千とあるが、才能あるマネジャーが低リスクで運営してマーケットを継続的に上回ることができているものは100本程度しかない。それ以外のファンドは、金融ジャーナリストのモーガン・ハウゼル曰く、「手数料は投資信託の10倍で、パフォーマンスはインデックスファンドの半分で、所得税の税率はタクシードライバーの半分、エゴの強さはロックスターの3倍」。

　ヘッジファンドは、歴史的に秘匿性が非常に高く、保有する資産内容やファンドの戦略を公表することもほとんどない。神秘的な雰囲気が、**洗練された投資家**には特に魅力的に映る――ほとんどの人がプレゼントは包装紙で中身が見えないほうが良いと思うのと似ている。

　ヘッジファンドは、少なくとも1920年代までさかのぼることができる。当時は、土地の周囲に生け垣（hedge）を植えて敵の侵入を阻止するという古代の習わしにちなんで、「ヘッジドファンド」と呼ばれていた。

　「ヘッジする」（保護する）という言葉は、少なくとも17世紀以降は投機で損失を被る可能性があるときに、それを穴埋めするための賭けをすることとして普通に使われていた。

　ちなみに、この言葉の語源は、投資家にとって別の意味がある。英語のhedgeは、100年ほど前から柵や防護壁の意味で使われてきた。また、動詞としては、それに関連してさまざまな意味がある。1500年代半ばごろ、ヘッジには「囲む、逃亡や自由な動きを阻む」「さえぎる、締め出す」などの意味があった。しかし17世紀になると、「独占する、占有を制限する」などとともに、返済の可能性を高めるため、より安

全性の高いさらに大きな債券に組み込むという意味も加わった。

　ヘッジファンドの多くは、売るのも買うのも同じくらい難しくなっており、裕福な顧客を囲い込み（hedge in）、そのほかのほとんどの投資家を締め出す（hedge out）ようになっている。ただ、ヘッジファンドのマネジャーは大金を得ているため、結局はインサイダーの資金が顧客の資金を締め出すことになっていく。そして、リスクをとりすぎたヘッジファンドは、同じ会社のより大きなポートフォリオに組み込まれる。このような結末は、すべてヘッジと言う言葉の忘れ去られた過去の意味に隠されている。

　ヘッジファンドは、理論的には能力の高いマネジャーが、頻繁な開示義務や一般投資家による気まぐれな資金の流出入などに邪魔されることなく、素晴らしいパフォーマンスを上げられるものとされている。そして、一部のマネジャーはこの構造を生かして素晴らしいパフォーマンスを上げている。しかし、ほとんどはそうはなっていない。

　近年、典型的なヘッジファンドはヘッジを減らして、むしろ集中的に賭けている。その結果は平均的に劣っており、「ヘッジファンドのパフォーマンスが落ち込んでいる」などと書かれている。しかし、これは間違っている。ヘッジファンドの顧客のパフォーマンスは落ち込んでいるが、ヘッジファンドマネジャーは手数料の形で十分なリターンを上げているのだ。

　ヘッジファンドは、**資産クラス**のひとつとされることも多く、これはリスクとリワードの組み合わせが株や債券とはまったく異なっていることを意味している。ただ、実際に大きく異なるのは手数料で、多くは投資資産の２％プラス利益の20％などとなっている。おおまかにいえば、100億ドルのヘッジファンドが10％のリターンを上げれば、マネジャーは手数料として４億ドル以上受け取るということだ。この額は、たとえ株式市場が20％上げてファンドのパフォーマンスがその半分の10％だった場合であっても変わらない。

当然のことながら、多くのヘッジファンドではファンドマネジャー自身が最大の投資家になっている。それほどの収入があれば、どこかに投資しなければならないからだ。

ヘッド・アンド・ショルダーズ【head and shoulders】（名詞）
　テクニカル分析で、株やそのほかの資産の価格が少し上げ、少し下げ、たくさん上げ、たくさん下げ、少し上げ、少し下げるというパターン。その先の価格について大きな意味があるとされている。もしこの言葉から童謡の「ヘッド・ショルダーズ・ニーズ・アンド・トゥズ」を思い出した人はそれも間違いではないが、将来テクニカルアナリストとしては成功しないかもしれない。

ヘッドラインの【headline】（形容詞）
　政府や会社から何らかの発表があったときに、おそらく短期的にも長期的にも大きな影響がないのに、トレーダーが飛びつくこと。現実の世界の「ヘッドライン」は名詞で、記事の一番上にあり、その内容を示す大きな文字のことを指す。ウォール街では、これは形容詞で、「ヘッドライン（級の）インフレ」「ヘッドライン（になる）労働者統計」「ヘッドラインの数字」などのように使われる。また、ヘッドラインリスクは、ニュースの悪材料によってトレーダーがパニックを起こせば、株価やそのほかの資産価格が暴落する可能性があること。この言葉はよく、「私のほうがあなたよりもよく知っている」ということを示唆するために使われている。
　　★「ヘッドラインの数字は良くはありませんでした」と、投資銀行のイーライ・グリージ・＆ルビーでアナリストを務めるローレン・D・バーは言う。「でも、記事をよく読むと、強気になる理由はたくさんあります」

へ

「チャールストンを踊るフラッパー」
（写真、1920年、米国議会図書館）

ヘムライン理論【hemline theory】（名詞）

　株価は女性のスカートの丈が短くなると上がり、長くなると下がるという考え。2つのことしか考えていない（もう1つはお金）ウォール街の男性トレーダーによって広まった。

　もしこの理論が正しければ、スカートの丈が短いときは株を**ロング**に、丈が長いときは株は**ショート**にするとよい。この理論によれば、スカートの丈が長かった1930年代や1940年代は株価も底に向かい、フラッパーがファッション界を支配し、スカートの丈が短かった1920年代は、**ブル派**が株式市場を支配していたという。そして、ホットパンツが大流行した1971年は、アメリカの株価が14.3％上昇した。

　しかし、ミニスカートが流行した1960年代半ばの株価は大きく変動した。そして、2010年にマキシ丈のスカートが復活すると同時に、ブル派が猛威を振るった。

　この理論は、スカート丈が膝よりも上になることがなかった19世紀の株のリターンを調べれば崩壊する。さらに大笑いしたければ、スカ

ート丈が何百年も変わっていないのに、株価は大幅に変動しているドバイやクウェートなどの市場についても説明を試みてほしい。この理論が証明したのは、ランダムだという説明が唯一妥当な場合でも、ウォール街では一見同じ動きを見せる偽りの相関性や変数が、大いにもてはやされるということ。

ベンチマーク【benchmark】（名詞・動詞）

　マーケットの平均パフォーマンスを反映している**指標**、または複数の証券で構成するバスケット。ファンドマネジャーにとってはリターンの比較対象。語源は土地の標高を調べるために、検査官によって石垣に刻まれた正確な標準点。

　ファンドが、ベンチマークを常に下回っている場合、ファンドマネジャーが辞任して外部のマネジャーを据えることもできるが、それではきまりが悪い。そこで、彼らは**クローゼットインデックス**に転じるか、ベンチマークを別の楽に超えられるものに変える。

　「**キャリアリスク**」「**相対パフォーマンス**」参照。

ほ

ポイズンピル【poison pill】（名詞）

　株式公開買い付けを提示した敵対的買収者に対抗するため、相手に有害になるようなことをするテクニック。ただ、ほかの投資家にとっても消化できない状態を招くことが多い。典型的なポイズンピル（毒薬）は、敵対的な買収を仕掛けられたときに、既存の株主に追加株式を割引価格で買う権利を与えて買収額を敵の想定以上に引き上げるという方法。ただ、買収を逃れたとしても、既存の株主にとっては苦い薬となる。

ボイラールーム【boiler room】（名詞）

　たくさんの営業マンが、見知らぬ相手からお金を引き出すために押し売りの電話を掛ける部屋。

　由来は複数あるが、最初はオフィスビルの地下にある火炉（ボイラーの燃料を燃やすところ）の隣の家賃の安い部屋で行っていたからか、または顧客からお金を引き出すべく説得する販売員の口調がヒートアップする様子などから、といった説がある。

　映画「マネーゲーム」（原題「Boiler Room」）に描かれている不快感はまだ生ぬるい。特に、不運な投資家が犠牲になる様子については。

ポートフォリオ【portfolio】（名詞）

　投資家のすべての金融資産（株、債券、現金やその他）をまとめたもの。なかにはリスクを抑制できているものもあるが、どんなポートフォリオにもリスクはある。

由来はイタリア語のportafoglioとフランス語のportefeuille。どちらも語源はラテン語で「運ぶ」を意味するportareと「シート、ページ」を意味するfoliumで、法律文書や芸術家のスケッチなど、綴じられていない書類を運んだり保護したりするためのケースやフォルダーのこと。さらには、学生の論文や芸術家の作品などを集めたものという意味もある。この言葉が金融資産を集めたものという意味で使われるようになったのは、20世紀に入ってから。

　中世やルネサンスの時代、紙はなかなか手に入らない貴重品だった。そのため、ポートフォリオはそれ自体が高価なものであり、細かい装飾が施された皮製のものが多かった。同様に、ポートフォリオで厳選した異なる金融資産を保有しておけば、単独で保有する場合にはない価値と回復力が得られる。これは、ポートフォリオ自体が、それぞれの資産を保護しているということ。良いポートフォリオには、重複せず、価格が一斉に動くことがない幅広い資産が含まれている。ノーベル経済学賞を受賞したハリー・M・マーコウィッツは、このような効率的なポートフォリオを構築すれば、期待リターンを達成するための不確実性を減らすことができることを理論的に示した。もちろん損失を完全に回避することはできないが、分散したポートフォリオは金融の世界で「確実」に最も近いものと言える。

ポートフォリオ回転率（回転率）【portfolio turnover】（名詞）
　株や債券やそのほかの証券を、良い投資資産を求めて買ったり、まだ安い間に買ったり、良くない資産やもう安くないものを売ったりすること。理論的には、ポートフォリオマネジャーや投資家、トレーダーは値上がりする可能性が低い資産を、値上がりする可能性が高い資産と入れ替えていく。しかし、実際にはほとんどの投資家が含み損の出ている資産をいつまでも保有し、含み益が出ているものは売り急いでいる（「**ディスポジション効果**」参照）。

「**曲芸師**」（13世紀末のフランスの彩飾写本より、大英図書館）

　回転率が高いとコストがかかる。インベストメント・テクノロジー・グループの試算では、プロのファンドマネジャー（実際にはその顧客）には平均的なアメリカ株の売買に0.5％近いコストがかかる。もしファンドマネジャーがすべての株を買って1年後に売れば、ファンドの年間リターンはほぼ1％近く下がることになる（小型株ならばコストはさらに上がり、リターンは約2.2％下がる）。さらに、資産を売れば、含み益をキャピタルゲインとして実現することになるため、将来の納税を現在に前倒しすることにもなる。

　資産の入れ替えは、ポートフォリオを活性化する一種の潤滑油のようなもの。しかし、実際には紙やすりのような働きをしてしまう。ポートフォリオマネジャーが素早くトレードすれば、より摩擦が起こり、やけどは大きくなる。古い格言にもあるように、「速く走るほど、劣後していく」。

　アメリカの平均的な株式ファンドのポートフォリオ回転率は、70％近い。これは1950年代や1960年代の約4倍。しかし、マーケットを上回るファンドの割合は、反対に下がっている。

　ファンドの回転率を分かりやすくするには、1200を回転率で割ればよい。そうすれば、ポートフォリオマネジャーが株を何カ月保有しているかが分かる。例えば、もしポートフォリオ回転率が年間107％ならば、平均的にどれくらいの期間株を保有しているのだろうか。簡単だ。1200÷107＝11.2カ月。

　回転率が高くなるのは、ポートフォリオマネジャーが何もしていないと、顧客が手数料を支払う理由を疑問視するのではないかと恐れて不要なトレードをした結果であることが多い。フレッド・シュエッド・

ジュニアの1940年の名著『投資家のヨットはどこにある？』（パンローリング）に書いてあるとおり、「平均的なウォール街の人間は、儲けの手立てが何ひとつないときでも、何もしないでいることができない。彼らは突然、ヒステリックに行動するが、それはたいていかなり大きな損失につながる。彼らは怠け者ではないのだ」。

　間違いは起こるし、重要な出来事や新しい情報によって資産の潜在価値が変わることもある。しかし、投資家が買ってすぐに売るような行動は、おおむね何かが間違っている。偉大なバリュー投資家のフィリップ・キャレットは、よくこう言っていた。「資産の入れ替えはミスとほぼ変わらない」。売ることを極端に嫌うウォーレン・バフェットは、自らの投資スタイルを「怠惰に近い無気力」と表現している。また、数学者で哲学者でもあるブレーズ・パスカル（1623～1662年）は、『パンセ』のなかでこう書いている。「すべての人間の不幸は、部屋に１人で静かに座っていられないことに由来している」

ポートフォリオマネジャー【portfolio manager】（名詞）

　高度な訓練を受け、その訓練に見合う以上の高い報酬をもらっている運用のプロ。最高の証券を買って、最悪の証券を避けることによって**マーケットを打ち負かす**ことを目指しているが、自分の報酬を犠牲にしてまで独自性を出そうとはしない。何万人ものポートフォリオマネジャーが同じような銘柄の株や債券のなかから、同じような腰の引けた手法で選んでいるため、マーケットを上回るのは不可能（特にマネジャーが手数料を差し引いたあとは）。偉人な投資家チャールズ・T・マンガー曰く、ポートフォリオマネジャーは「できないことをするふりをし、実際にはやらないことを好む」人たちで、「ひどい人生の過ごし方だが、報酬は高い」。

　「アクティブ」「キャリアリスク」「群れ」「相対パフォーマンス」参照。

ボーナス【bonus】（名詞）

　ウォール街で成功するためには、スキルと同じくらい運も必要で、ボーナスは良い成績を上げる動機づけにもなる反面、分別のある人ならば避けるリスクに向かわせるなど、裏目に出ることもある。給料の100％を超えることもあるボーナスの伝統は、少なくとも1902年にはすでに行われていた。J・P・モルガン＆カンパニーがUSスチールのIPO（新規公開株式）を手掛けた記念に、すべての社員にクリスマスプレゼントとして1年分の給料と同額のボーナスを与えたのである。語源はラテン語で「良い」を意味する言葉。受け取る側にその資格があるかどうかは別として、良いことには違いない。

　金融ジャーナリストのハイジ・ストーリーが、最近の記事に次のように書いている。

　★ウォール街はボーナスの季節を迎え、トレーダーたちはそれが高額になることを期待している。「私たちは、このマーケットで1年間、すべての四半期でトップを記録しました」とニューヨークの投資銀行フソン・ダイタン＆リスクスで自己勘定トレーダーを務めるジュアナ・メルセデス・フルストは言う。「運だけで4回連続マーケットを上回ることはだれにもできませんから、クリスマスには会社がそれ相応のことをしてくれるはずです」。ニュージャージー州ピスカタウエーにある投資銀行のシャーウッド・ストーナム＆カンパニーでも、トレードの利益が記録的な水準になる見通しだ。この銀行で自己勘定トレーダーをしているアニタ・ランボルギーニは、「このモデルは、リスクは増やさずに、賢いリスクをとっています」と言う。「私たちのモデルはこれまで間違ったことがないんです」

ホームバイアス【home bias】（名詞）

　投資家が、自宅から車ですぐの場所にある企業はなぜか安全な気が

して、その企業の**株**を買ってしまうこと。**投資信託**や年金基金のマネジャーでさえ、そのような行動をとることがある。しかし、少なくとも**株式市場**には、わが家のようなところがたくさんあり、そこにはより低いリスクでより高いリターンを上げる企業がほかにある。自宅がどこにあっても、地理的な**分散**は、理にかなっている。

「コントロール幻想」参照。

簿価【book value】（名詞）

飛行機に乗ったときは必ず最も近い出口を確認しておくべきであるように、保有する会社の簿価——その会社が所有する総資産から、借りているすべて負債を引いた残り——を必ず知っておくべき。

簿価は会社の価値を測るには劣った基準だと軽視されることが多い。それは特許や、ソフトウェア、マーケティング革新、そのほかの「無形」資産のとらえ方が不完全で、会社が現金を産み出す潜在能力を正確に示していないからである。それでも、うまくいかなかったときに株主に残る資産がどれくらいかを知るためのおおよその目安にはなる。

ボギー【bogey】（名詞）

懸念や恐怖の源で、かつて悪魔を意味したブギーマン（bogeyman）の関連語。現在では、**指標**や**ベンチマーク**を指す。多くの投資マネジャーがパフォーマンスをボギーと比較して評価しており、いつもマーケットを上回ることができず悪魔に取りつかれたような気分になっていることを考えれば、理にかなっている。

★優秀な投資アナリストと優れた証券選択のおかげで、今年、当社はボギーを10％上回りました。これは例年の好成績を上回る成果です」と、カリフォルニア州ビバリーヒルズにある投資顧問会社のパスモア・コイン＆カンパニーでシニアポートフォリオマネジャーを務めるシャーリー・M・ボゲスは言った。「も

ちろん、いつもマーケットを超えることができるわけではありません。ですが、少なくともこれほどのパフォーマンスはめったにありません」

ポケット【pocket】（名詞）

服の一部で、そこからお金が出ていく。ベンジャミン・フランクリンは、お金がすぐ出ていかないように、アスベスト製の財布を使っていたと言われているが、これは経済的なメリットはあっても、今となっては健康的には到底お勧めできない。

ポジショントークをする【talk your book】（動詞）

ブローカーやトレーダーやマネーマネジャーが、自分の保有する資産について、当たり前のことを興奮して話し、しつこく勧めたり得意ぶったりすること。自分の帳簿に関する話は、ウォール街の人が実体経済の人に話す内容の本質とも言える。

「**帳簿**」参照。

ボタンをかける【button up】（動詞）

投資の損失をほかの人はもちろん、自分自身からも隠すこと。

この言葉は少なくとも1841年までさかのぼることができる。ウォール街の年代記編者フレドリック・ジャクソンは次のように書いている。「株価は下げて、下げて、下げて、どこまで下げても買い手は1人もいなかった。……そして、おかしなことに、ウォール街でこの株を持っているという人も1人も見つからなかった。3週間前には何千人といたのに。これをボタンをかけると言う」

ほとんどの投資家は、バラ色のガラスでできたバックミラーを眺め続けて、損失などなかったふりをする。そうすれば、過去に対する気持ちは楽になるが、将来を現実的に見ることは不可能になる。

ホットな【hot】（形容詞）

以前はホット（流行）だったもの。投資家がホットな資産を勧められるのは、それが冷め始めたとき。これは、太陽が西に沈むのと同じくらい、投資業界では常識。

ボトムアップ【bottom-up】（形容詞）

対象の会社のビジネスについてすべてを知ろうとすること。もしかしたら、非常に大変な調査で、果敢に挑もうとするアナリストや投資家がほんのわずかしかいないから、bottoms-upというよく分からない言い方をされることが多いのかもしれない。もちろん、bottoms-upは、一部のアナリストや投資家が仕事後に行っているアルコールやロマンティックな活動については正確に表しているのかもしれないが、それならば、彼らの仕事についてbottoms-upという言葉を使うべきではない。もしファンダメンタルズ的な調査をいまだに行っている稀有な人に出会うことがあるとすれば、そのときはボトムアップという言葉を使ってほしい。

ボナスス【bonasus】（名詞）

古代ローマ時代に描かれ、中世の動物寓話集などにも記述がある伝説上の生物。雄牛によく似ているが、湾曲した角が後方に、尾に向かって伸びている。当時の博物学者のプリニウスによれば、この角は見掛け倒しで敵を退ける力はなく、脅威が迫るとすぐさま逃走する。そして、パニックになると灼熱の糞を大量に噴射する。株価が暴落すると、自分が**ブル**だと思っていた典型的な投資家が、実はボナススだったことが判明する。彼らのすぐ後ろにはいないほうがよい。

「動物寓話集より」（イギリスの彩飾写本、15世紀、デンマーク王立図書館）

ボラティリティ【volatility】（名詞）

　投資の短期的なリターンが、長期的な平均リターンと違うこと。数学的には標準偏差、または「オー・マイ・ゴッド」と呼ばれている。

　投資の利益が出ているとき、人はボラティリティは気にならないと言う。しかし、損失が出始めると、彼らは急にボラティリティを嫌い始める。投資自体は変わっていないが、見方が変わっただけ。金融市場で最もボラティリティが高い要素は、投資家のボラティリティに対する見方。

　「リスク」参照。

「宙返りするローラーコースター」（ニューヨーク州コーニーアイランド、写真、1903年ごろ、米国議会図書館）

堀【moat】（名詞）

　企業が競合他社の攻勢に耐え、利益の低下を阻止して永続的な優位性を維持すると思われている力。堀には、強力なブランド（例えば、ウォルト・ディズニー）や、優れたデザイン（例えば、アップル）、高い競争力がある価格（例えば、ウォルマート）、業界の支配的な地位（例えば、ボーイング）なども含まれる。しかし、時間の経過とともに、堀が過去のものになってしまうケースもある。かつての強力なブランドや（例えば、イーストマン・コダック）、かつての優れたデザイン（例えば、ノキア）、かつての価格競争力（例えば、シアーズ・ローバック）、かつての業界の支配的地位（例えば、消滅したエンロン）などである。

　堀は、常に何らかの形で敵の侵入を防いできたし、中世の領主は防衛力を賢く分散していた。彼らは、表門には鉄製の落とし格子を設置し、城壁の上には石弓と衛兵を配置し、火を放つギリシャ火薬の樽を敵の頭上から見舞えるよう準備していた。しかし、広い堀を含めたこれらの防御策があったにもかかわらず、多くの城は侵略された。

　現代のビジネスの世界では、それよりもはるかにたくさんの武器が使えるにもかかわらず、競争力のある城が簡単に攻撃に屈している。堀のない企業に投資すべきではないが、堀があればすべての攻撃に対抗できると思うのは間違い。そのような堀は存在しない。

ホワイトナイト【white knight】（名詞）

　敵対的な**株式公開買い付け**の標的にされた企業を救うため、入札する人。現経営陣は、これで地位が守られ、経営力が劣っていてもたっぷりと報酬をもらい続けることができると考える。しかし、ホワイトナイトは青いビロードの手袋のなかに鉄のこぶしを隠しており、結局、経営陣は助けを求めて呼んだはずのホワイトナイトに地位を奪われることになる場合が多い。

ほ

「カタルゴの略奪」
(ゲオルク・ペンツ、版画、1549年、アムステルダム国立美術館)

「大天使ミカエルが悪魔を征服するところ」(ガラス絵、オランダ、1530年ごろ、J・ポール・ゲティ美術館)

ポンジースキーム【ponzi scheme】(名詞)

「出資金詐欺」参照。

本質的価値【intrinsic value】(名詞)

　その企業が将来生み出すと期待できる現金の現在価値と、同じ期間にそれ以外の方法で得られる利益を、将来のキャッシュフローが不確実であるという事実を考慮して推測した株の価値。ただ、本質的価値は概算にすぎず、特定の数字ではなく範囲で示すべきもの。そのため、ほとんどの投資家は**価格**というその瞬間は正確な値のほうに注目しようとするが、その値はたいていは間違っている。

マーケットストラテジスト【market strategist】(名詞)

古代ローマの公職で、腸卜僧という知的とされる職業についていた人たち。腸卜僧は、生贄の羊や鶏の肝臓を調べて将来を占うエトルリア術を実践していた(「バル」参照)。典型的なマーケットストラテジストも、腸卜僧と似たテクニックを使っているが、精度は劣る。それなのに、現代のマーケットストラテジストは、腸卜僧と比べてはるかに社会的な地位が高く、報酬も、2000年以上のインフレ率を考慮してもはるかに高い。

★「当社では、投資家に金融株の割合を増やすよう助言しています」と、ウォール街の投資銀行のカーン・マン・フセー&ムホーでチーフマーケットストラテジストを務めるシャーリー・ヒューゲストは言う。「2008年は住宅セクターがモメンタムを回復したことで、金融セクターが記録的な利益を上げる年になると考えています」

マーケット専門家【market maven】(名詞)

語源は、イディッシュ語とヘブライ語で「理解」を意味するmavin。何が起こるか分からないのに、いかにも知っているように話すことができる人。

マーケットタイミング【market timing】(名詞)

ベア相場で損失を避けようとすること。ただ、それをすると結果的に、ブル相場での儲けも避けることになってしまうことが多い。

マーケットを打ち負かす【beat the market】（動詞）

パフォーマンスがマーケットの平均やベンチマークを上回る証券を所有したり、トレードしたりすること。ほぼすべての証券が、どこかの時点ではそうなる。しかし、それを買うとパフォーマンスは下がり始め、売ると上がり始める傾向がある。マーケットを打ち負かすことに固執する投資家は、結局、打ち負かされることになる可能性が高い。

マージン（証拠金、信用）【margin】（名詞・形容詞・動詞）

現実の世界では、間違えることができる余地のこと。ウォール街では、間違いの原因を指すことが多い。トレーダーや投資家の顧客は、資産を買うときに価格を全額支払わずに、その一部を現金で支払い、残りを証券会社から借りることがある。このときに預ける資金が、証券会社を損失から守るマージン（証拠金）になる。一方の顧客は、レバレッジによる損失というさらに大きなリスクにさらされる。

19世紀のアメリカでは、株の証拠金の割合は通常10：1（1000ドルで1万ドル相当の株が買える）だったが、時には20：1に上ることもあった。今日では、それが50％、つまり金融資産の市場価値の半分しか借りることができない。ちなみに、先物のなかには、今でも50：1や100：1のケースもある。しかし、これをすると、顧客は市場価値がわずかに変動しただけでも破綻しかねない（「個人FXトレード」参照）。

マージントレード（信用取引）は、専門家にしか勧められない――しかも、彼らでさえ多くが遅かれ早かれ破綻することになる。

抹消する【expunge】（動詞）

ブローカーが過去を水に流し、懲罰行為があったことを公開記録から消し去ること。語源はラテン語のex（外へ）とpungere（突き刺す、破裂させる、穴を開ける）。ブローカーやファイナンシャルアドバイ

ザーに話を聞くときは、開示情報から抹消されていることがないかどうかを尋ねるとよい。

満期【maturity】(名詞)

すべての債券にあるもので、ほとんどの債券トレーダーにはないもの（maturityには成熟という意味もある）。

見通し【outlook】（名詞）

　金融評論家がウィジャボード（娯楽用に降霊術もしくは心霊術を模して用いる文字版）を使って行うこと。ウォール街の**予測**と似ているが、予測がこれから起こりそうな情報を事前に示すのに対して（forecast）、見通しはすでに起こっていることに基づいて事後に示す（after-cast）。もし最近のマーケットが好調ならば見通しもプラスになるし、マーケットが不調ならば見通しはマイナスになる。

　ウォール・ストリート・ジャーナル紙が2006年12月にマーケットストラテジストを対象に行った非公式な調査によれば、ほぼ全員が2007年に向けてプラスの見通しを持っており、金融危機が迫りつつあることを懸念する人はまったくいなかった。しかし、彼らは2009年3月3日（アメリカの株式市場が底を打つ6日前）の調査では、とてつもなく悲観的だった。

未亡人と孤児【widows and orphans】（名詞）

　典型的で無知な投資家を表す言葉。**リスク**をとるわけにはいかないのに、経験不足で何がリスクなのかが分かっていないため、金融界の捕食者の完璧な餌食になっている。

　「未亡人と孤児」は、1820年ごろにはすでに経験が足りない脆弱な投資家を指す言葉として使われていた。1826年に悪徳銀行のインサイダーたちが一般投資家から大金を巻き上げた事件によるパニックのあと、ニューヨーク・イブニング・ポスト紙が「疑うことを知らない無知な相手を利用し、未亡人や孤児をだまして私腹を肥やすような強欲

の雰囲気を浄化していこうではないか」と書いたのだ。また、アメリカ最大の発行部数を誇ったナイルズ・レジスター紙も、次のように主張した。「もし黒人が靴を一足盗んだら、厳しい労働と独房監禁が待っているが、紳士が栄誉と誓いを裏切って大胆に銀行の金庫に押し入ったり、ほかの狡猾な方法で未亡人や孤児が受け継いだ5万ドルとか10万ドルを盗み取ったりしても、馬車に乗り、最高の食事と酒を堪能し、『最高』の友人を失うことはない。優秀な悪党はより多くのものを手にすることができるのである」

群れ【herding】(名詞)

投資家が、安いものを無視し、自分で考えるよりも羊のように固まって行動する傾向。大勢がしていることには安心感があるため、投資家は割安だからではなく、「みんなが買っているから」というだけの理由で資産を買い、ファンダメンタルズに変化があったからではなく、「みんなが売っているから」という理由だけで売る。

「2人の踊るバカ」(ピーテル・ブリューゲル［父、原画］、ヘンドリック・ホンディウス［版画］、1642年、アムステルダム国立美術館)

群れは個人投資家にも、証券アナリストや債券トレーダー、プロの先物トレーダー、投資信託のファンドマネジャー、ヘッジファンドマネジャー、上場投信の最大の買い手、株式市場のセクター、世界中の株式市場でもよく見られる。投資家たちは1999年にハイテク株に群がって2000年に逃げ出したし、2007年には不動産と金融株に群がって2008年に逃げ出したし、2011年に金に群がって2014年に逃げ出した。それ以前も、1972年には**ニフティフィフティ**株に群がって1973〜1974年に逃げ出し、1968年にはコンピューター株と教育株に群がって1969年に逃げ出し、1950年代にはウランとボウリングと航空株に群がってすぐに逃げ出し、1928年には公共株と投資信託に群がって1929年に逃

げ出すなど、遠い昔から同じことをうんざりするほど繰り返してきた。

　分かっているなかで最初のマーケット予言者である古代メソポタミアのバルが羊の肝臓を調べて将来を占っていたことが、なぜか適切なことのように思えてくる。

　「コントラリアン」「ローテーション」参照。

明確な境界線【bright line】（名詞・形容詞）

倫理的な行動と、非倫理的な行動を分ける線で、たいていそれに鈍感になるまで不明瞭なままで放置される。最も単純な「明確な基準」（bright line rule）や「明確な基準のテスト」（bright line test）は、「もし私がしていることを母が知ったら、私のことを誇りに思うか」と自問すること。ウォール街では、母の声を聞く必要がある人ほど、その母の声が聞こえていない。もしすべての行動が母の基準をパスするものになれば、金融業界の闇はかなり減るだろう。

銘柄【name】（名詞）

会社、または株のこと。マネーマネジャーが「良い銘柄」と言えば、それは「良い会社」という意味。ちなみに、彼らが会社と呼ばないのは、そうすることで、事業内容を深く理解するという気が進まない仕事を強いられないようにするため。

イギリスでは、name（ネーム）はロンドンの保険市場であるロイズで、リスクを**引き受ける**人のこと。

銘柄コード【ticker symbol】（名詞）

特定の株を示す1～5文字のアルファベット。自称「投資家」の多くがその会社について唯一知っていること。

★インディアナ州ココモのバーベキューパーティーで、地元のカイロプラクターのホーウィ・バベルが「たった今、QHKRを買ったよ」と、友人で会計士のシャーウッド・ビレットに言っ

た。「それはバイオテクノロジー会社かい」とビレット氏が聞くと、バベル氏は「知らないよ」と答えてこう続けた。「でも、これから上がるから、何でもいいよ」

モーモー【mo-mo】（形容詞）

モメンタム株の愛称で、特に普通よりもモメンタムが高いもの（more momentumを略してmo'momentum）。モーモー株は、価格が暴落すれば瞬時に「オーノー」（Oh, no!）株になる。

目論見書【prospectus】（名詞）

投資家を前後不覚にするためのクロロホルム。頭がまひしそうになるくらい退屈な文章で、損失につながる可能性があるすべてのリスクを列挙してある数十ページの法的文書。リスクに関する退屈な労作は、平凡で鈍い印象を与えるため、多くの投資家はリスクがあまり高くないと思うに至る（「**開示**」参照）。目論見書は、アラビア語やヘブライ語のように、最後から最初に向かって読むべき。会社の経営にとって最も危険なリスクは、地雷のごとく、どこかに深く埋め込んであることが多い。たいていは財務諸表の注釈や、最終ページで見つかる。

モデル【model】（動詞）

思いつくかぎりすべての状況のすべての変数を取り入れた複雑な数学の公式を作ること。ただし、その想定のなかには、これらのモデルに基づいて構築してきたポートフォリオの価値をいずれ破壊することになるこれから起こる出来事は含まれていない。

名詞形の最も適切な定義は、「大量（mass）破壊兵器」ならぬ「数学（math）破壊兵器」。

モメンタム【momentum】（名詞・形容詞）

　「モメンタム株」は、摩擦力や金融引力、ニュートンの運動の第１法則、理論、理由に逆らって、価格が加速度的に上昇する。モメンタムがなぜ起こり、なぜ持続し（通常は２～12カ月）、なぜいずれ行き詰まるのかについては、理論的な説明も、経験的な説明もなされていない。そして、勢いが止まると、モメンタム株はスピードが落ちるのではなく、最高速度のまま壁に激突して、まだその株を持っているトレーダーを破滅させる。

　モメンタムトレーダーは、自分ならば株がモメンタムを失うときを正確に予想できると思っている。そして、その直前に売ることができるとも思っている。しかし、彼らの約99.999％は、それができない。

約束手形【promissory note】（名詞）

　貸し付けの一種で、低リスクでリターンが極めて高い（20％以上のものも多い）。約束は、ほぼ必ずすべて実現する、はずだが、それは手形の売り手の場合で、それに投資した人はそのかぎりではない。

ユニバース【universe】(名詞)

　アナリストやポートフォリオマネジャーが選ぶことができる一連の機会。宇宙物理学者や天文学者が時空の連続体におけるすべてのエネルギーや物質について説明するときの用語から発想を得ている。しかし、投資のユニバースはもっと限定されており、たいていは投資家の知力と想像力の範囲に限定されている。「ユニバース」という壮大な言葉は、あまりにも多くのプロの投資家にとって、あきれるほど狭い枠組みや、わずかな選択肢しかない事実を覆い隠している。

よ

横ばい【sideways market】（名詞）

　株式市場が上昇も下落もせず、狭い値幅で変動している時期。残念ながら、横ばいは、**ブル相場**や**ベア相場**と同様、分かるのはあとになってから。これまで横ばいだったマーケットが瞬時に上昇（または下落）に転じて、そのまま突き進むこともある。そのため、「これまでは横ばいだった」と言うのは正確なのかもしれないが、「今、横ばい状態にある」は、その瞬間に横ばいが終わってブル相場かベア相場に突入するかもしれないため、正確とは言えない。

　「ストックピッカーのマーケット」参照。

予見性【visibility】（名詞）

　企業の将来の利益に関する洞察や自信と言われているもの。しかし、たいていはバックミラーでしか見えない。

　1999年末と2000年初めに、ハイテク会社は将来の収益に関して「長期的に高い成長の予見性」を持っていると言われていた。そして、それは間違いなく輝かしい将来だった。しかし、彼らの予見性は過去に対するものでしかなかった。将来（2000〜2002年）はひどいことになり、2001年になると、ハイテク企業の幹部は予見の難しさについて語っていた（それでもその時点では、まだ傷はそれほど深くはなかった）。エコノミストで投資ストラテジストのピーター・L・バーンスタインは「彼らが『予見した』と思った将来にはならなかった」と書いている。

　予見性は、予測可能性と同義で使われているが、実際は自己欺瞞と

同義語。将来が多少なりとも見通せるときなどない。将来は見通すことができないものなのだ。

この言葉は、少なくとも1972年10月には使われていた。ウォール・ストリート・ジャーナル紙に株式市場に関するコラムを書いていたビクター・J・ヒラリーが、当時の「質の高い大企業」は「『収益の予見性』と呼ばれるもの」を持っていたと書いているのだ。しかし、それから2～3カ月後には、1973～1974年の暴落が迫るなかで、最高の質を誇る企業の収益でさえ落ち込んだ。

ウォール街の神話が変わることはない。変わるのはその名前と日付のみ。

「**確実性**」「**不確実性**」参照。

予測【forecasting】（名詞）

知ることができないことを、見当違いな測定によって予言しようとすること。ウォール街のほとんどの人が何らかの形で携わっている。

人は、世界がおおむねランダムで予想ができないという真実を認めるのを嫌うため、予想屋は無用であっても、常に需要がある。ウォール街において、マーケティングが専門のJ・スコット・アームストロング教授が唱える予言者・カモ理論は常に正しい。「予言者がいるところには、必ずカモがいる」

現実の世界では、例えばスポーツの試合の勝者を予想したり予言したりする場合、それが正しい確率も合わせて示される。しかし、ウォール街の予測にその確率が示されることはほとんどない。決定科学者のバルーク・フィッシュホフも1994年に次のように書いている。「予測屋と顧客の両者が予測の質について大げさに語り出すと、たいていは顧客のほうが先に破産する」

「**見通し**」参照。

より愚かな者理論【greater fool theory】（名詞）

　株やそれ以外の資産をどれほどバカバカしい価格で買っても、必ずそれ以上の価格で買ってくれるより愚かな者がいるという考え。より高い価値を認めてくれる人がいることに賭けるのならば、株の価値を評価する必要があるのだろうか。

　これは1960年代にできた言葉だが、より無謀なだれかが必ず買ってくれるだろうという期待は、金融市場が始まったときからあったことはほぼ間違いない。

　この世界に、愚かな者が足りなくなる日が来るなど信じられないかもしれないが、必要なときに必ず愚かな者がいてくれると思っていると、ある日、自分以外のみんなが利口になって、自分が一番愚かな者だったことに気づく日が来る。

弱い手【weak hand】（名詞）

　ポーカーで、勝てそうもないカードを切ること。金融では、長期的な利益のためには短期的な損失に耐える毅然とした態度を取るふりをして、問題の兆しが見えた途端に腰抜けになる頼りにならない投資家。

　弱い手は、プロの投資家が、自分以外の人について語るときに使う言葉。

　「**ボナスス**」参照。

利益【earnings】(名詞)

「数字」と呼ばれることも多いが、企業の現状を示すことができるのは数ある数字のなかで1つだけ。利益は、理論的には流入した金額と流出した金額の差。しかし、実際の利益は、控えめに示されたり（これをするのは課税額を減らしたいオーナーや将来の業績を良く見せたい経営者など）、誇張して示されたりする（多額のボーナスが欲しい、または気の短い株主をなだめたい経営者など）。経営者のなかには、企業を経営するよりも、企業の利益を管理することに関心がありそうな人もいる。

利益相反【conflict of interest】(名詞)

金融機関の社員が、顧客の利益に反する行為をして、法外な利益を上げられそうならばそれをするという、あってはならないバカげたシナリオ。利益相反は、普遍的とは言わないまでも、ウォール街では蔓延している。ちなみに、ウォール街では、これを排除する以上に優れた対策を取って「管理」しているので、問題はないとしている。
「**チャイニーズウォール**」「**開示**」「**潜在的利益相反**」参照。

利食い【profit taking】(名詞)

売りの波のなかで、「投資家の利食いによって株価が下落」などと言われることもあるが、これは売り手が利益を確定しているというあり得ない状況（多くは損切りをしている、つまり実現すべき利益がない）。売りの波には必ず同じくらいの買いの波がなくてはならないた

め、この状況で、利食いという言葉は理屈に合わない（「動く」参照）。なぜみんな「取る」（taking）ではなく「与える」、つまりprofit givingと言わないのか、その理由をよく考えたほうがよい。与えるものがないからだろうか。

リサーチ【research】（名詞）

　一見科学的だが、実際には金融的ヤマ勘芸。投資家には、資産額の１％程度が毎年コストとしてかかる。

　「ファンダメンタルズリサーチ」をする人は、資産の遠い将来の利益率を決める基となる需給関係を調べるふりをして、実際にはほとんどの時間を市場価格の短期的な変動ばかり見ている。また、「テクニカルリサーチ」をする人は、１日中くねくねした線ばかり見ている。

利子【interest】（名詞）

　「インタレスト」参照。

リスク【risk】（名詞）

　自分が何をしているのか分かっているつもりで、分かっていない可能性のこと。つまり、考えてもみなかったほど短期間で、大金を失うための必須条件のこと。リスクの正式な定義は、不利または望まない結果になる可能性（天気予報で、晴れの確率が80％ならば、雨のリスクは20％）、あるいは極端な結果がどれくらい平均からかけ離れているか。ロンドン・ビジネス・スクールのエルロイ・ディムソン教授（金融学）はリスクを哲学的に定義している。「リスクとは、実際に起こる以上のことが起こるかもしれないということ」。結局、リスクは投資家が知っていると思っていることと、最後に学ぶことのギャップであり、それは投資についても、金融市場についても、彼ら自身についても言える。

「ダウンサイドリスク」「安全な」参照。

リスク回避の【risk-averse】（形容詞）

より大きいリスクをとろうとしないこと――今のところは。ただ、価格が2倍や3倍に上がると、非常にリスク回避の傾向が強い投資家でも最後には買おうとする。

経済史家のチャールズ・P・キンドルバーガーは、『熱狂、恐慌、崩壊――金融危機の歴史』（日本経済新聞出版社）のなかで、次のように書いている。「友人が金持ちになるのを見ることほど、心の平穏や判断力を乱すものはない」

リストラ【restructuring】（名詞）

ほんの何年か前に、熱意を持って新しい分野に進出し多角化したのに、そのとき以上の熱意を持ってその分野から撤退する過程。以前に、成長には不可欠として多角化を歓迎した**アナリスト**や投資家は、今では生き残りには不可欠として事業縮小を称賛している。経営陣は「**株主価値**」を高めたとして多額のボーナスを手にする。これによって、何千人かの社員は職を失うが、それ以外の関係者は、リストラは企業が経営状態を回復するための小さな代償だとしか思わない。

利息【interest】（名詞）

「インタレスト」参照。

利得【gain】（名詞・動詞）

実際の損失に転換する前に一時的に紙上で利益を上げた気分になること。最も激しく利益を追求する人は、それを達成する可能性が最も低い、という金融界の基本的なパラドックスのひとつ。

「**損失**」参照。

リバランス【rebalancing】(名詞)

　価格が下がったものを買い、上がったものを売る、ということを自動的に行う手法。投資家はみんな安く買って高く売りたいと言うが、リバランスはそれを機械的に感情を排除して行うこと。しかし、ほとんどの投資家は、リバランスすべきときにそれができない。ちなみに、高く買って安く売るほうがより興奮度は増す。

利回り【yield】(名詞・動詞)

　語源は古い印欧基語で「支払う」ことを意味するgheldhで、現代の「お金」を意味するgeltにもつながっている。証券から得られるとされる収入の過去1年の総額を直近の市場価格で割って算出するが、この値は不注意な人を惑わせるために、いくらでもでっち上げることができる。多くの投資家は高い利回りを求めて、元本の安全性を確認する前に高い収益に目が行ってしまう。しかし、6％や10％やそれ以上の利回りを得られたとしても、投資資産自体の価値が買ったときよりも下がってしまえば良い投資とは言えないし、おそらくはそうなる。むしろ、追加的な利回りは、追加的なリスクを示していると言ってほぼ間違いない。ウォール街の賢明なアナリストだったレイモンド・F・ドゥボーは、「銃を突きつけられるよりも、利回りを追いかけるほうが失う金額は大きい」と言っている。利回りだけを求めて投資をすれば、遅かれ早かれ利回りの古い意味 —— 降参、または負けを認めること —— を思い知らされることになるだろう。

流動性【liquidity】(名詞)

　金融資産の所有者が、市場価格かそれに近い価格で現金に換えることができると認識していること。しかし、ウォール街で最も賢いことわざのひとつによれば「流動性とは、あなたが必要ないと思っているときは、十分にある」。保有したままにしておこうと思う証券には流

動性がある。しかし、売りたくなったときに流動性があるのは、ほかのみんなが売りたくない場合に限られている。特に小型株や、**ジャンクボンド**、**新興市場**の証券についてはそう言える。経済学者のジョン・メイナード・ケインズが1936年に警告したとおり、「社会全体として見れば、投資の流動性などというものはない」。金融危機に陥れば、流動性だと思っていたものは自己満足でしかなかったことが分かる。

「干上がったコロラド川に放置されたトラック」（ラッセル・リー、写真、1939年、米国議会図書館）

利用可能性【availability】（名詞）

ある出来事が起こる頻度や確率を、心的ショートカットや**ヒューリスティックス**を使って判断するときに、実例がどれくらい速く頭に浮かぶかということ。まれにしか起こらない出来事でも、その印象が鮮明であれば、実際よりも頻繁に起こったり、繰り返したりするように感じられる。飛行機は、最も安全な移動方法のひとつでも、まれに墜落事故があり、滑走路で炎に包まれた機体の映像が世界中で放映されると、それを見た人の脳裏に刻み込まれる。

マーケットの暴落もまれにしか起こらないが、それがもたらす莫大な被害が多くの人の意識に焼き付けられる。そのため、多くの投資家が暴落から次の暴落までの驚くほど長い期間に、株が生み出す利益を取り損ねている。

一方、新規に公開された株（「**IPO**」参照）の圧倒的多数がマーケットを上回ることができないにもかかわらず、いくつかの驚異的な成功（例えば、グーグル）が、IPOに投資すれば金持ちになれるという

幻想を生んでいる。1つの銘柄が莫大な利益をもたらしたという鮮明な印象は、このような利益が上がる可能性を実際よりも高く見せることにつながっている。

「次の」参照。

量的緩和【quantitative easing】（名詞、略語はＱＥ）
　中央銀行が通貨供給量を増やすために、大量（たいていは数千億ドル相当）の債券やそのほかの金融資産を買うこと。これによって、長期金利が下がるため、理論的には銀行が貸し出しを増やし、投資家や消費者がそれを使うようになる。QEは昔からひどいインフレを誘発すると言われてきた。保守的な経済学者のメルチオール・パーリィは、1939年に書いた量的緩和に反論する随筆のなかで、「もし女性が結婚相手が見つかるまで待つのをやめて、『自分から』探しに行くようになれば、彼女の評判はかなり落ちる恐れがある。……同様に、銀行も顧客に追従すべきではない」と警告した。しかし、パーリィやその後の評論家は間違っていたことが証明された――少なくとも今の時点では。

両頭トカゲ【amphivena、amphisbaena】（名詞）
　あまり知られていない伝説上の生物。古代と中世期の動物寓話集にのみ存在するものと信じられていた。一方の頭が長い首の先にあり、もう一方の頭は長い尾の先にある。想像上の生物で、絶滅したと思われていたが、現代に「二枚舌」の生き物として復活し、**エコノミスト**、**マーケットストラテジスト**などと称して姿を現した。
　両頭トカゲは、従来、前後に動いたり、丸い腹を中心に前後に揺れたりできると言われているが、自分自身に突進してしまうこともよくある。また、一方の頭が他方に噛みついているところや、首と尾がもつれてけんかになっているところもよく描かれている。これは今日、

テレビでエコノミストやマーケットストラテジストのインタビューを見たことがある人にはおなじみの光景。

「両頭トカゲ（アンフィスバエナ）」（19世紀のイギリスの彩飾写本より、大英図書館）

れ

レッドヘリング【red herring】（名詞）

　現実の世界では、注意を逸らしたり、論点を混乱させるために不合理な情報（おとり）を持ち出したりすること。ウォール街では、SEC（証券取引委員会）の承認を受ける前の、表紙を赤インクで印刷した予備目論見書のこと。

　レッドヘリングとは、燻製で赤茶けたニシンのこと。臭いがきついため、400年以上前から逃亡者はこれを逃げ道になすりつけて、猟犬を混乱させるのに使っていた。現代の株や債券の募集に関する目論見書を読むときに、そのイメージを覚えておけば、道を誤らずにすむだろう。

レバレッジ【leverage】（名詞・動詞）

　投資リターンを増大することもできるが、**自信過剰**も加わると、破綻にもつながる借金のこと。てこ。語源はフランス語で「持ち上げる」を意味するlever。てこを使って重い物を持ち上げたことがあれば、その強力さと潜在的な危険性は分かるだろう。

　自己資金の500ドルと借りた500ドルで1000ドルの投資をすれば、レバレッジは2倍ということになる。もし市場価格が50％上昇すると、1500ドルで売って借金返済後に1000ドルが手元に残る。レバレッジのおかげで、元の資金500ドルが2倍の1000ドルになったのだ。しかし、もし市場価格が50％下落して500ドルになれば、ブローカーに500ドルの返済を請求されて、自己資金の500ドルはなくなり、破綻してしまう。

　金融史においては、「レバレッジ」と「思い上がり」という致命的

な組み合わせが、あらゆるバブルとその崩壊の原動力となってきた。「マージン」参照。

レラティブストレングス【relative strength】（名詞）

1つまたは複数の株の**モメンタム**を測定し、最近、株価がマーケット全体と比較してどれだけ上昇しているかを示す指数。公式にはさまざまなバリエーションがあるが、最も単純なのは、特定の期間（例えば1カ月）における価格差を求める式。

$$RS = （1月31日の株価 \div 前年の12月31日の株価） \div （1月31日の指標の株価 \div 前年の12月31日の指標の株価）$$

レラティブストレングスが高い銘柄は継続的にマーケットを上回るパフォーマンスを上げるという証拠も多少はあるが、それがいつまで続くかについては議論の余地があるし、予想もできない。

この指数を使うとトレード数が増えるかもしれないことを考えると、長期的なバリュー投資や**バイ・アンド・ホールド**よりもコストがかかる可能性が高い。しかも、**ベア相場**のときはマーケットを大きく下回ることが多い。そのため、投資家はレラティブストレングスを使った手法を懐疑的に評価すべきだし、**バックテスト**の結果に基づいているならばなおさらそうすべき。レラティブストレングスを使った手法は、開発するのは簡単だが、実際に導入するのは難しい。1960年代以降、レラティブストレングス「戦略」をうたった投資信託が数多く設定されたが、それら自体の相対的（レラティブ）な力は劣っており、生き残ったものはほとんどない。

レンジ相場【range-bound】（形容詞）

「横ばい」参照。

ろ

ローテーション（回転）【rotation】（名詞）

　何百万人もの投機家が、価格が下落したばかりの資産から、上昇したばかりの資産に集団移動すること。ただ、**平均への回帰**によって、群衆が移動したあとの資産は、彼らが向かった先の資産よりも高いパフォーマンスを上げる可能性が高い。

　ローテーションは、驚くほど無益。しかし、最も驚くべきことは、彼らの動きが地軸の回転（rotation）のわずかな揺れを悪化させるにはまだ至っていないこと。しかし、ものすごい数の投機家の靴が同じときに同じ方向に道路を蹴り続けていれば、それも時間の問題かもしれない。

ロード【load】（名詞）

　現実の世界では、ロバしか運ぶことができない重い負担。ウォール街では、**投資信託**の販売手数料で、投資額の5.75％程度になることもある。2つの意味の違いはほんのわずか。

ロックアップ【lockup】（名詞）

　最低保有期間、言い換えれば、金融的な死刑宣告。この期間、ヘッジファンドの投資家は資金を引き出すことができない。理論的には、そうすればマーケットがパニックに陥ってもファンドマネジャーは証券を売らずにすむため、リターンを倍増できる。しかし、実際には投資家を無期限に監禁することになりかねない。「ロックアップ」は、IPO（新規公開株式）後に**インサイダー**が持ち株の売却を禁止されて

いる期間を指すこともある。通常は90〜180日。

「さらし台の2人の囚人」（デラウェア州、写真、1900年ごろ、米国議会図書館）

ロング（買い持ち）【long】（名詞・形容詞）

　近いうちに価格が上昇するという期待や希望や空想とともに、資産を保有すること。しかし、ほとんどの人が、遅かれ早かれ売りたくなる。

　名詞形は、そのような資産そのもの、またはそれを保有する人のこと。価格が上がるほど、ロングの資産とロングの保有者の違いが分かりにくくなる――特に保有者自身にとっては（「**ブル**」参照）。

　ロングの最も古い定義のひとつは、ジョン・ラッセル・バートレットの『ディクショナリー・オブ・アメリカニズム』（Dictionary of Americanisms、アメリカニズム辞典、1859年）に書かれている。「ロングとは、良いタイミングで買い、いつでも好きなときに換金できる状態。『ロング』は、良いアイデアを持っている人を指すこともある」

　ロングという言葉の明確な由来は分かっていない。もしかしたら、価格が上昇すれば長い間利益が上がるという単純なイメージから来たのかもしれない。

謝辞

　まずは、私を担当してくれているウォール・ストリート・ジャーナル紙の編集者たち、デニス・バーマン、ロバート・サバット、ラリー・エーデルマン、エマ・ムーディ、フランシスコ・グエレラに感謝したい。彼らは、この悪魔的な企画に耐えてくれた。私の代理人で、余人をもって代えがたいジョン・W・ライトは、あらゆる段階でひらめきを与えてくれただけでなく、15年前に初めて出会ったときに、のちに本書になった最初のかすかな兆しを思い出してくれた。パブリックアフェアース社における私の担当編集者のジョン・マハニーは、私と議論を交わしてくれる理想的なパートナーで、最良の著作になるよう私の背中を押し続けてくれている。もし彼に対する気持ちを辞書風に定義すれば、「感謝」の一言に尽きる。加えて、パブリックアフェアースの編集チームのメンバー、クライブ・プリドル（発行人）、ジェイミー・レイファー（広報ディレクター）、リンジー・フラドコフ（営業ディレクター）、メリッサ・レイモンド（編集長）、ピーター・ガーソウ（表紙装丁）、ポーリン・ブラウン（書籍本体のデザイン）、ミシェル・ウィン（原稿整理）、メリッサ・ベロネシ（最終原稿から完成本までの工程の巧みな管理）にも感謝している。

　友人のアラビンド・アディガはこのプロジェクトに希望を見いだし、これにとりつかれている私を励ましてくれた。

　本書を彩る素晴らしい画像をたくさん提供してくれたアメリカ金融博物館のクリスティン・アギレラとサラ・ボナコア、アムステルダム国立美術館のアンナ・フォン・リンゲンほかの職員、アメリカ海軍のトム・ウォースデール、ゲント大学図書館のリック・デクラークとルット・ドゥネーベ、エール大学ルイス・ウォルポール図書館のクリステン・マクドナルド、漫画と親切の王、ケビン・「KAL」・カルガー

にもお礼を言いたい。

　私のウェブサイトのデザイナーであるラッキーチェア社のスー・スティーブンスは、のちに本書となる投稿のエレガントなプラットフォームを作ってくれた。

　ウィスコンシン大学スクール・オブ・ビジネスのメロニー・リンダー、ピーター・カーウィン、アリソン・キム、カリ・クヌッツソンは、私が本当に必要としているときに、マディソン校で1週間、私を温かく迎えてくれた。

　マイケル・ルボーフには、オプションの項で、私が臆面もなく彼のジョークを盗んだことを告白する。

　妻には、本書はほとんど完成したから残りの作業は「簡単」にすむと約束したが、そのあとも作業は深夜や早朝や週末に及び、彼女はそれに付き合ってくれた。いつもながら、彼女のほうがよく分かっているのだ。

英語の項目

■A

AAA（AAA）

account（口座）

account statement（取引明細書）

accumulate（アキュミュレート、買い集める）

accumulation（アキュミュレーション、買い集め）

acquisition（買収）

act（動く）

active（アクティブ）

activist（アクティビスト）

affinity fraud（親近感詐欺、アフィニティ・フラウド）

algo（アルゴ）

alligator spread（アリゲーター・スプレッド）

alpha（アルファ）

amortize（償却する）

amphivena、amphisbaena（両頭トカゲ）

analyst（アナリスト）

anchoring（アンカリング）

annual meeting（株主総会）

annual report（年次報告書）

annulty（年金）

anomaly（アノマリー）

apology（謝罪）

arm's length（アームズ・レングス）

asset allocation（資産配分、アセットアロケーション）

asset class（資産クラス、アセットクラス）

asset gathering（資産獲得）

auditor（監査人）

availability（利用可能性）

averaging down（ナンピンする）

axe（アックス）

■B

backfill（バックフィルする）

backtest（バックテストをする、検証する）

bail out、bailout（救済、ベイルアウト）

balance sheet（貸借対照表）

bank holiday（銀行休業日）

baru（バル）

basis point（ベーシスポイント）

bear（ベア）

bear market（ベア相場）

beat the market（マーケットを打ち負かす）

behavioral economics（行動経済学）

bellwether（指標銘柄）

benchmark（ベンチマーク）

best-ideas fund（ベストアイデアファンド）

beta（ベータ）

biased（バイアスの掛かっている）

big bath（ビッグバス）

big four（ビッグ4）

big producer（ビッグプロデューサー）

blow-off（ブローオフ）

blue chip、blue-chip（ブルーチップ）

blue-sky law（ブルースカイ法）

board of directors（取締役会）

bogey（ボギー）

boiler room（ボイラールーム）

bonasus（ボナスス）

bond（債券）

bonus（ボーナス）

book（帳簿）

book value（簿価）

bottom（底）

bottom-up（ボトムアップ）

bourse（取引所）

breadth（ブレス）

breakpoint（ブレイクポイント）

bright line（明確な境界線）

broker（ブローカー）

bubble（バブル）

bucket shop（ノミ屋［バケツショップ］）

bull（ブル）

bull market（ブル相場）

button up（ボタンをかける）

buy（買う）

buy the dips（押し目買い）

buy-and-hold（バイ・アンド・ホールドする）

buyback（自社株買い）

■C

call（コール）

capital（資本）

capital structure（資本構成）

capitulation（降伏）

career risk（キャリアリスク）

carried interest（キャリードインタレスト）

catoblepas（カトブレパス）

central bank（中央銀行）

certainty（確実性）

ceteris paribus（セテリス・パリブス）

channel check（チャンネルチェック）

checklist（チェックリスト）

chinese wall（チャイニーズウォール）

church（教会）

churn（回転売買）

cigar butt（シケモク）

clearly（明らかに）

clients（顧客）

closet indexing（クローゼットインデックス）

commission（手数料）

commodities（商品［コモディティ］）

compliance（コンプライアンス）

concentration、concentrated fund（集中、集中ファンド）

confidence（信頼性）

confirmation bias（確証バイアス）

conflict of interest（利益相反）

consensus（コンセンサス）

consultant（コンサルタント）

contagion（伝染）

contrarian（コントラリアン、逆張り派）

conviction（確信）

core（コア）

core and explore（コア・アンド・エクスプロア）

core holding（コア資産）

corporate governance（企業統治）

correction（調整）

correlation（相関）

counterparty（カウンターパーティー）

coupon（クーポン）

covenant（条項）

cover（買い戻す）

cover（カバー）

crash（クラッシュ、大暴落）

credit（信用）

credit card（クレジットカード）

credit rating（信用格付け）

creditor（債権者）

creditors' committee（債権者委員会）

crown-jewel defense（クラウンジュエル）

currency（通貨）

customer's yachts（顧客のヨット）

cyclical（循環的な）

■D

dark pool（ダークプール）

data（データ）

day trader（デイトレーダー）

dead-cat bounce（デッド・キャット・バウンス）

default（デフォルト）

derivative（デリバティブ）

designation（称号）

dip（押し目）

disclosure（開示）

discount brokerage（ディスカウントブローカー）

discounting（ディスカウント）

disposition effect（ディスポジション効果）

diversify（分散する）

dividend（配当）

dividend yield（配当利回り）

Dodd-Frank Act（ドッド・フランク法）

dog（イヌ）

dollar-cost averaging（ドルコスト平均法）

dove（ハト派）

downside protection（ダウンサイドプロテクション）

downside risk（ダウンサイドリスク）

drawdown（ドローダウン）

dry powder（ドライパウダー）

due diligence（デュー・デリジェンス）

■E

earnings（利益）

earnings surprise（アーニングサプライズ）

easy comps（単純比較）

EBITDA（EBITDA）

economist（エコノミスト）

efficient market hypothesis（効率的市場仮説）

emerging market（新興市場）

endowment（寄付）

enhanced indexing（エンハンスト・インデックス運用）

equity（株主資本）

ETF（ETF、上場投資信託）

exchange（取引所）

exchange-traded fund（上場投資信託）

execution（執行）

ex-dividend（配当落ち）

expected return（期待リターン）

expunge（抹消する）

■F

fairness opinion（公正意見書）

fair-value pricing（公正価格）

fallen angel（堕天使）

falling knife（落ちていくナイフ）

fat-finger trade（ファットフィンガートレード）

fee（手数料）

fiduciary duty（受託者責任）

financial advisor（ファイナンシャルアドバイザー）

financial journalist（金融ジャーナリスト）

fine（罰金）

fire sale（投げ売り）

fixed income（確定利付き）

flash crash（フラッシュクラッシュ）

flight to safety（安全資産への逃避）

focus、focused fund（フォーカス、フォーカスファンド）

forecasting（予測）

fortune（フォーチュン）

fulcrum fee（フルクラム手数料）

■G

GAAP（GAAP）

gain（利得）

go dark（上場抹消する）

go-anywhere fund（ゴーエニホウェアファンド）

gold（金）

goldbug（金投資家）

golden parachute（ゴールデンパラシュート）

greater fool theory（より愚かな者理論）

Greece（ギリシャ）

green shoe（グリーンシュー）

greenmail（グリーンメール）

grind（じりじりと動く）

gross spread（引受募集手数料）

■H

haircut（ヘアカット）

halo effect（ハロー効果）

handle（ハンドル）

happiness letter（幸福の手紙）

hawk（タカ派）

head and shoulders（ヘッド・アンド・ショルダーズ）

headline（ヘッドラインの）

hedge fund（ヘッジファンド）

hemline theory（ヘムライン理論）

herding（群れ）

heuristics（ヒューリスティックス）

HFT（HFT、高頻歩トレード）

high-frequency trading（高頻度トレード）

high-net-worth investor（富裕層投資家）

high-yield bonds（ハイイールド債）

Hindenburg omen（ヒンデンブルグ・オーメン）

hindsight bias（後知恵バイアス）

home bias（ホームバイアス）

hostile takeover（敵対的買収）

hot（ホットな）

■I

idiot（愚か者）

illusion of control（コントロール幻想）

income statement（損益計算書）

incubate（インキュベート）

indenture（歯形捺印証書）

index（指標、インデックス）

index fund（インデックスファンド）

individual investor（個人投資家）

inflation（インフレ）

inside information（内部情報）

insider（インサイダー）

insider information（インサイド情報）

institutional investor（機関投資家）

interest（インタレスト）

interest（利子、利息、関心）

intrinsic value（本質的価値）

invest（投資）

investigate（調べる）

investment product（投資商品）

IPO（IPO）

irrational（不合理）

is（現在形）

■J

January effect（1月効果）

junk bonds（ジャンクボンド）

■K

kitchen-sink（キッチンシンク）

■L

leverage（レバレッジ）

LIBOR（LIBOR）

liquidation（清算）

liquidity（流動性）

load（ロード）

lockup（ロックアップ）

long（ロング、買い持ち）

long-term（長期）

lose（損失を被る）

loss aversion（損失回避）

■M

mad money（捨て金）

management（経営陣）

margin（証拠金、マージン）

margin of safety（安全域）

margin trading（信用取引）

mark（価値評価）

market strategist（マーケットストラテジスト）

market maven（マーケット専門家）

market timing（マーケットタイミング）

maturity（満期）

memory（記憶）

mental accounting（心理勘定）

moat（堀）

model（モデル）

momentum（モメンタム）

mo-mo（モーモー）

mutual fund（投資信託）

myopia（近視眼）

■N

name（銘柄）

new economy（ニューエコノミー）

new era（新時代）

news（ニュース）

newsletter（ニュースレター）

next（次の）

nifty fifty（ニフティフィフティ）

non-traded REIT（非取引リート）

■O

odd lot（端株）

onocentaur（オノケンタウロス）

OPM（OPM）

option（オプション）

other people's money（他人のお金）

outlook（見通し）

overconfidence（自信過剰）

oversight（オーバーサイト）

overweight（オーバーウエート）

■P

pac-man defense（パックマンディフェンス）

panic（パニック）

pareidolia（パレイドリア）

past, the（過去）

patience（忍耐）

peer pressure（ピアプレッシャー）

PER（price/earnings ratio、P/E ratio）

performance（パフォーマンス）

performance incentive fee（成功報酬、インセンティブフィー）

permabear（パーマベア）

permabull（パーマブル）

plate-lickers（プレートリッカー）

plus（プラスの）

pocket（ポケット）

poison pill（ポイズンピル）

ponzi scheme（出資金詐欺、ポンジースキーム）

portfolio（ポートフォリオ）

portfolio manager（ポートフォリオマネジャー）

portfolio turnover（ポートフォリオ回転率、回転率）

potential conflict of interest（潜在的利益相反）

price（価格）

price/earnings ratio、P/E ratio（PER、株価収益率）

prime bank（プライムバンク）

principal（元金）

print（プリント）

private equity fund（プライベートエクイティファンド）

private REIT（私募リート）

pro forma（プロフォーマ）

product（商品［プロダクト］）

professional（プロの）

profit taking（利食い）

promissory note（約束手形）

prop trading（プロップトレード）

proprietary algorithms（独自開発のアルゴリズム）

proprietary mutual funds（プロップ投資信託）

proprietary trading（プロプリエタリートレード）

prospectus（目論見書）

proxy statement（委任状）

prudent-man rule（プルーデントマンルール）

psychologically important（心理的に重要な）

pump and dump（風説を流布する）

■Q

QE（QE）

quant（クオンツ）

quantitative easing（量的緩和）

quiet period（クワイエットピリオド）

■R

range-bound（レンジ相場）

rating agency（格付け会社）

real（実質）

R

real-estate investment trust（不動産投資信託）

rebalancing（リバランス）

red herring（レッドヘリング）

redeem（償還する）

redemption（償還）

regression to the mean、reversion to the mean（平均への回帰）

regulator（当局）

REIT（REIT）

relative performance（相対パフォーマンス）

relative strength（レラティブストレングス）

religion stock（宗教株）

representativeness（代表性）

research（リサーチ）

resistance（抵抗線）

restructuring（リストラ）

retail forex trading（個人FXトレード）

retail investor（一般投資家）

return on equity（ROE、株主資本利益率）

revolving door（回転ドア）

rich（金持ちの）

rights offering（株主割当増資）

risk（リスク）

risk-averse（リスク回避の）

ROE（return on equity）

rogue trader（ならず者トレーダー）

rotation（ローテーション、回転）

rumor（うわさ）

■S

safe（安全な）

sales load（販売手数料）

saucer（ソーサー）

secular（長期的な）

securitize（証券化する）

security（証券）

self-control（自制）

self-serving bias（自己奉仕バイアス）

sell（売る）

shadow banking（シャドーバンキング、影の銀行）

share repurchase（自社株買い）

shareholder value（株主価値）

sheep（羊）

shoeshine boy（靴磨きの少年）

shop（ショップ）

short（ショート、売り持ち、空売り）

short-term（短期）

sideways market（横ばい）

smart beta（スマートベータ指数）

smart money（スマートマネー）

sophisticated investor（洗練された投資家）

speculate（投機する）

stack（スタック、資本構成）

stock（株）

stock exchange（証券取引所）

stock market（株式市場）

stockbroker（株式ブローカー）

stock-picker's market（ストックピッカーのマーケット）

stop-loss order（損切り注文）

strategy（戦略）

structured products（仕組み案件）

Super Bowl Indicator（スーパーボウル指標）

support（支持線）

surprise（サプライズ）

survivorship bias（生存者バイアス）

sweeten（上乗せ）

syndicate（シンジケート）

synergy（相乗効果）

■T

tactical asset allocation（戦術的資産配分）

talk your book（ポジショントークをする）

tax shelter（タックスシェルター）

technical analysis（テクニカル分析）

technical analyst（テクニカルアナリスト）

television（テレビ）

ten-bagger（10塁打、テン・バガー）

tender offer（株式公開買い付け）

they, them（彼ら）

thrift（倹約）

tick（ティック）

ticker（ティッカー）

ticker symbol（銘柄コード）

time（時間）

tip（ヒント）

top-down（トップダウン）

total return（トータルリターン）

touch（腕）

trailer（トレーラー）

tranche（トランシェ）

treasury（国庫）

trend（トレンド）

trend-following（トレンドフォロー）

trendline（トレンドライン）

turnover（回転率）

■U

uncertainty（不確実性）

unconstrained bond fund（アンコンストレインド債券ファンド）

underweight（アンダーウエート）

underwrite（引き受ける）

universe（ユニバース）

■V

value（価値）

visibility（予見性）

volatility（ボラティリティ）

■W

weak hand（弱い手）

wealth（富）

wealth manager（ウエルスマネジャー）

white knight（ホワイトナイト）

wide-moat companies（幅広い堀がある会社）

widows and orphans（未亡人と孤児）

■X

X（X）

XBRL（XBRL）

■Y

yield（利回り）

yield curve（イールドカーブ）

■Z

zombie fund（ゾンビファンド）

■著者紹介
ジェイソン・ツバイク（Jason Zweig）
2008年にウォール・ストリート・ジャーナルの投資コラムニストに就任。以前はマネー誌のシニアライター、タイムやCNN.comのゲストコラムニストなども務めた。著書の『あなたのお金と投資脳の秘密』（日本経済新聞出版社）は、投資と神経科学の関係を解き明かした最初の本のひとつ。また、ベンジャミン・グレアムの『賢明なる投資家』の改訂版『新 賢明なる投資家』（パンローリング）の編著者でもある。ツバイクは、1995年にマネー誌に入る前は、フォーブスの編集者として投資信託部門を担当していた。また長年、アメリカ金融博物館やスミソニアン協会の理事を務めており、ファイナンシャル・ヒストリーやジャーナル・オブ・ビヘイビラル・ファイナンスの編集委員にもなっている。

■監修者紹介
長尾慎太郎（ながお・しんたろう）
東京大学工学部原子力工学科卒。北陸先端科学技術大学院大学・修士（知識科学）。日米の銀行、投資顧問会社、ヘッジファンドなどを経て、現在は大手運用会社勤務。訳書に『魔術師リンダ・ラリーの短期売買入門』『新マーケットの魔術師』など（いずれもパンローリング、共訳）、監修に『高勝率トレード学のススメ』『ラリー・ウィリアムズの短期売買法【第2版】』『コナーズの短期売買戦略』『続マーケットの魔術師』『続高勝率トレード学のススメ』『ウォール街のモメンタムウォーカー』『グレアム・バフェット流投資のスクリーニングモデル』『勘違いエリートが真のバリュー投資家になるまでの物語』『Rとトレード』『完全なる投資家の頭の中』『3％シグナル投資法』『投資哲学を作り上げる　保守的な投資家ほどよく眠る』『システマティックトレード』『株式投資で普通でない利益を得る』『成長株投資の神』『ブラックスワン回避法』『市場ベースの経営』など、多数。

■訳者紹介
井田京子（いだ・きょうこ）
翻訳者。主な訳書に『トレーダーの心理学』『スペランデオのトレード実践講座』『トレーディングエッジ入門』『千年投資の公理』『ロジカルトレーダー』『チャートで見る株式市場200年の歴史』『フィボナッチブレイクアウト売買法』『ザFX』『相場の黄金ルール』『トレーダーのメンタルエッジ』『破天荒な経営者たち』『バリュー投資アイデアマニュアル』『遅咲きトレーダーのスキャルピング日記』『FX 5分足スキャルピング』『完全なる投資家の頭の中』『エルダー博士のトレードすべきか、せざるべきか』『エルダー博士のダイバージェンストレード』『勘違いエリートが真のバリュー投資家になるまでの物語』『株式投資で普通でない利益を得る』『バフェットからの手紙【第4版】』（いずれもパンローリング）など、多数。

2016年12月3日　初版第1刷発行

ウィザードブックシリーズ ㊁

金融版 悪魔の辞典

著　者　ジェイソン・ツバイク
監修者　長尾慎太郎
訳　者　井田京子
発行者　後藤康徳
発行所　パンローリング株式会社
　　　　〒 160-0023　東京都新宿区西新宿 7-9-18-6F
　　　　TEL 03-5386-7391　FAX 03-5386-7393
　　　　http://www.panrolling.com/
　　　　E-mail　info@panrolling.com
編　集　エフ・ジー・アイ（Factory of Gnomic Three Monkeys Investment）合資会社
装　丁　パンローリング装丁室
組　版　パンローリング制作室
印刷・製本　株式会社シナノ

ISBN978-4-7759-7212-0

落丁・乱丁本はお取り替えします。
また、本書の全部、または一部を複写・複製・転訳載、および磁気・光記録媒体に
入力することなどは、著作権法上の例外を除き禁じられています。

本文　©Kyoko Ida／図表　© Pan Rolling　2016 Printed in Japan